毎日の発酵食材レシピ手帖

榎本美沙

Gakken

はじめに

「忙しい人ほど、発酵食材を」。

そう聞くと、違和感がある方が多いかもしれません。まだまだ発酵食材は、「ハードルが高い」「健康意識が高い人のもの」というイメージがあると思います。


けれど、実はそんなことはありません！

味噌、甘酒、塩麹、黒酢、漬物など発酵食材には、それ自体に旨みや甘みがあるので、和えるだけ、漬けるだけ、煮るだけのシンプルな調理でもおいしい料理が完成します。

私自身、子どもが生まれて、料理の時間を十分にとれないときなどに、発酵食材にはとっても助けられていますし、甘酒やヨーグルト、納豆などは小さな息子も大好きです。

今では多くの発酵食材が自分で仕込まずともスーパーなどで手に入ります。ぜひ気軽にはじめてほしいとまとめたのが、この一冊です。

市販のものでも作れる上にとても簡単なレシピを掲載しているので、はじめての発酵食材があっても「使い切れない」ということはなく、続けやすいと思います。

忙しい毎日を送る方でも発酵食材を使うことで、少しでも料理と体がラクになりますように。

そしてそんなシーンに、この本がお役に立てばとてもうれしいです。

榎本美沙

目次

味噌

甘酒

Amazake

塩麹

Shiokoji

黒酢

Kurozu

酒粕

Sakekasu

ヨーグルト

Yogurt

キムチ・漬物

納豆

この本の決まりごと

- 小さじ１＝５㎖、大さじ１＝15㎖、「１カップ」は200㎖です。
- しょうゆは濃口しょうゆ、みりんは本みりん、酒は日本酒を使用しています。
- レシピに出てくる「だし汁」はかつお節と昆布でとったものを使用しています。顆粒だしや、だしパックを使用する場合は商品の表記に従いお使いください。
- 電子レンジは600Wを基本としています。500Wの場合は加熱時間を1.2倍にしてください。機種により多少の差があるので、様子を見て加減してください。
- 野菜、きのこ、いも類は特に記載のない場合、洗う、皮をむく、ヘタを取るなどの下処理を済ませてからの手順です。
- 作り方の火加減は、特に表記のない場合、中火です。
- レシピにある保存期間は目安です。保存状態や状況によって保存期間も変化するのでご自身で確認しながら早めに食べ切りましょう。

甘酒

砂糖不使用の自然の甘みが魅力。麹と水で作るシンプルな米麹甘酒のストレートタイプがおすすめです。そのままドリンクとして、また料理やおやつの甘みに使用します。

味噌

種類が豊富な味噌の中でも、どんな料理にも合わせやすい淡色味噌を常備しておくと便利。味噌汁からトマト煮、野菜炒め、炊き込みごはん、和え物まで、幅広く活用できます。

黒酢

玄米をじっくり発酵させた、奥深い旨みと芳醇な香りが特徴。いつものお酢の代わりに使うとコクが増し、また、炒め物などの仕上げにちょこっと加えるだけでさっぱりいただけます。

塩麹

麹と塩、水からまろやかな塩けと旨みが生まれ、塩の代わりに使えばリッチな味わいに。さらに、麹に含まれる酵素や成分によって、さまざまな調理が可能な万能選手です。

この本では市販品で買いやすい「8つの発酵食材」をおいしく使い切るレシピを紹介しています。

乳酸菌によるさわやかな風味、乳製品ならではのコクやマイルドな味わいを活かして、お肉の漬け込みやカレー、ソース、サラダなどに使用。マヨネーズ代わりにも。

ヨーグルト

酒粕は日本酒の副産物。独特の風味があるので使い方が限定されがちですが、本書ではサムゲタンやポテサラ、アイスまで幅広く使っています。意外性のある料理で楽しんでください。

酒粕

納豆

そのまま食べてもおいしいねばねば食材。合わせる具材や調味料でアレンジしたり、パンにのせたりとお手軽レシピを中心に考えました。この本では粒納豆とひきわり納豆を使い分けます。

キムチ・漬物

そのまま食べても、具材や調味料としても使え、発酵の風味や食感がアクセントに。この本では手に入りやすい白菜キムチ、高菜漬け、しば漬け、いぶりがっこを使用しています。

発酵食材を気軽に毎日取り入れるための考え方とコツ

いつもの調味料として ちょこちょこ使用

塩の代わりに塩麹、砂糖の代わりに甘酒……というように、いつもの調味料として使うことで気軽に取り入れることができます。発酵食材には旨みをはじめとする深い味わいがあるので、ほかの調味料をあれこれ使わなくても味が決まるのもいいところ。キムチのような漬物も、塩けだけでなく旨みや酸味もあり、実は調味料としても優秀なんです。

和洋中にとらわれず、 おおらかに

日本ならではの発酵食材ですが、いろいろ試してみると和食以外にもよく合うことがわかります。味噌はトマト煮、酒粕はグラタンに、塩麹はよだれ鶏に……。またヨーグルトをごま和え、キムチを冷やっこにと、海外の発酵食材を和食に使うのもあり。カテゴリーにとらわれず、取り入れてみてください。

食感や味のアクセントにも おすすめです

キムチや漬物、納豆はそのまま具材になったり、食感のアクセントとしても使用できます。また、漬物は乳酸菌による酸味、納豆は納豆菌による独特の粘りと香りがあり、味や香りに変化をつけたいときに使うのもおすすめですよ。

ちょい足しで奥行きを。隠し味としても優秀です

発酵食材自体は主張が強くはないけれど、料理全体のコクを出したり、深みを出したり、隠し味としてもいい仕事をしてくれます。例えば、餃子のたねに味噌を入れると旨みのある餃子に。肉じゃがに甘酒を入れると上品な甘みになり、コクが増します。いつもの料理にちょこっと足すだけで奥行きのある味わいに仕上がります。

開封したら冷蔵庫で保存し、どんどん気軽に使う

表示の保存法に従って保存すればＯＫですが、開封したものは冷蔵室に置いて使い切りましょう。忘れてしまわないよう、冷蔵庫の中でも目に入りやすいところに置くのがおすすめ。

発酵食材同士でも自然に組み合わせられます

単体で使うのはもちろん、発酵食材同士は相性がよいので合わせて使ってもおいしいです。この本で紹介するもの以外にも、しょうゆやみりん、米酢、チーズ、かつお節など、さまざまな発酵食材が身近にたくさんあり、本書でもたくさん組み合わせて使っていますよ。

「だけ」でも手軽でおいしく仕上がります

旨みを含む発酵食材は、シンプルな調理でおいしくなります。そのまま浅漬けや和えものに。また、加熱すると香りがふわっと引き出されたり、塩みや甘みの角が取れてまろやかになったり。食材の旨みとなじんでおいしさが広がります。

もむだけ
和えるだけ

漬けるだけ

焼くだけ
炒めるだけ
煮るだけ
炊くだけ

混ぜるだけ
かけるだけ

出合いも楽しいのが発酵食材

手作りもいいけれど
発酵食材は市販のものでも
おいしいものがたくさんあります。
まずは身近で手に入るものからはじめて
興味を持ったら
デパ地下を見てみたり
旅先で購入してみたり
お取り寄せするのもおすすめです。
お気に入りに出合えると
料理するのも楽しくなります。
体にいいものだから、
気軽に日常のごはんに
取り入れてみてください。

味噌

miso

味噌の話

味噌の履歴書

大豆や米、麦などの穀物に、塩と麹を加えて発酵・熟成させて作る味噌は、種類がとっても豊富。原料の麹で分類すると主に米・麦・豆があり、味では甘・甘口・辛口の3つに分類できます。色では赤・淡色・白に分けられ、さらに原料の配合や製法、熟成年数などによっても味や風味が異なります。

地域性が強いのも味噌の特徴のひとつ。全国的には原料に米麹を使いますが、中部地方では赤味噌と呼ばれる豆麹が主流。九州や四国の一部では麦麹が使われ、それぞれの味噌から生まれた伝統料理もたくさんあります。

この本では料理に取り入れやすい淡色味噌を使用していますが、好みのものを選んでください。

主な種類

白味噌

京都の西京味噌など、近畿・中国地方などで親しまれる甘味噌。米麹に由来する風味を活かし、麹を多めに配合して塩分濃度が低いのが特徴。

赤味噌

代表的なのは中部地方の豆味噌で、大豆の香ばしさが魅力で個性的。米味噌と麦味噌の中でも大豆の処理方法によって赤褐色になるものは赤味噌に分類される。

淡色味噌

スーパーなどで手に入りやすい一般的な味噌。米味噌と麦味噌の中で甘めのもの（米味噌は辛口もある）、麹を多めに配合したものはまろやかな味わい。

わが家の味噌料理

「一番よく使う発酵食材は？」と聞かれたら、「味噌！」と答えるくらい、私にとって味噌は日々の食卓に欠かせない存在です。

もともと、味噌汁が大好きで発酵食材に興味を持ったこともあり、今でもほぼ毎日、味噌汁生活。シンプルなのにほっとする味わいと、どんな食材もおいしく受け止めてくれる懐《ふところ》の深さは、ほかに変え難い料理だと思います。

そんな味噌汁好きはずっと変わりませんが、味噌は味噌汁や和食だけではない、知られざるポテンシャルがあるんです。

わが家では、トマト煮やミートソースに味噌を入れたり、カレーや炊き込みごはんに入れたり。料理のジャンルを問わず使え、素材のコクや旨みを引き出してくれる縁の下の力持ち。どんな料理を作るときも、「これに味噌を入れたらおいしいかな？」と考えながら、味噌の新しい活用法を見つけて楽しんでいます。

味噌を活かす使い方のコツ

仕込みたては塩辛い大豆ペースト。発酵によってまろやかな塩みと甘み、旨みを兼ね備えていく味噌。そんな味噌があれば、多くの調味料を入れなくても料理がおいしく仕上がります。

代表格はやはり味噌汁。手軽な味噌玉を作っておけば、お湯を注ぐだけでいつでもおいしい味噌汁を味わえます。また、おにぎりに味噌を塗って焼けば香ばしい焼きおにぎりが簡単に作れて、小腹が空いたときや仕事終わりの疲れたときにも大助かり。簡単なものでも手作りはやっぱりほっとするものです。

味噌は基本的にどんな食材とも合う懐《ふところ》の深さを持ち合わせていますが、特に相性がよいのは旨みのある食材。かつお節や昆布はもちろん、きのこやトマト、肉類ともよく合い、一緒に使えばコクが増すとともに旨みも倍増です。

そのまま食べれば甘みと旨みをシンプルに味わえ、汁物や炒め物のように加熱すると、ふんわり香りが広がって香りまでごちそうに。こんがり焼いたり、あぶったりすると香ばしさが楽しめ、それぞれ違った味わいになるのも魅力です。

榎本家の保存の仕方

味噌はパッケージのまま保存してもよいですが、私は数種類を合わせて使うことも多いので、保存容器にお気に入りの味噌を合わせて保存しています。そうすると、容器ひとつで手軽に組み合わせられて便利！　自分の好きな配合で作るお手軽合わせ味噌です。

空になったら、「次はどの味噌とどの味噌を合わせてみようかな？」と考えるのも楽しいです。

わが家では、味噌汁に酒粕を入れることも多いので、酒粕を合わせて保存することもあります。仕切りは入れなくてＯＫです。

市販の味噌の選び方

スーパーに並ぶ味噌だけでも本当に多くの種類があり、何を基準に選んでいいのか迷ってしまいますよね。

私はまず、原材料を確認して、「米麹、大豆、塩のみ」などシンプルな材料のものを選びます。

甘めの味噌が好きな人は、白味噌や淡色味噌の中でも米麹の配合が多めの味噌を。豆感が強く旨みが多い味噌が好きな人は、豆味噌や米味噌の中でも熟成期間が長く色の濃いものを選ぶとよいです。またバランスよくいろいろ使いたいという人は、使い勝手のいい淡色味噌がおすすめです。

発酵食材全般にいえることですが、同じ商品でも製造年によって味や風味が変わるのも面白いところ。発酵の奥深さを楽しんでください。

おすすめ商品

この本では、左の淡色味噌を使っています。どちらも米麹を多めに入れた旨みが強くまろやかな味わいが特徴です。

味噌は、作り手の味噌蔵によって味わいが異なるので、いろいろと試して好みの味を見つけるのが一番。私も旅先で買い集めては試しています。

銘醸
（武田味噌醸造）

長野県上田市にある武田味噌の銘醸は、とても高いレベルで甘みと旨みのバランスが取れています。米麹の量も大豆の1.2倍とほどよい甘みで、どんな料理とも合わせられる使い勝手のよさも魅力。

特上㐂《き》助《すけ》みそ
（羽場こうじ店）

おいしい米麹を、大豆の3倍も贅沢に使って仕込んだ秋田県横手市の味噌。コクがありながら甘めの味わいは何でも合うおいしさ。そのまま野菜につけてもよし、グラタンなど乳製品との相性も抜群です。

わが家の具だくさん豚汁

豚汁にはたっぷりの野菜を入れるのがわが家流。野菜の旨みがしみ出るので、あとはごはんがあれば大満足。わが家では多めに作って翌日も楽しみます。

材料（4人分）

豚バラ薄切り肉 … 150g
大根 … 2〜3㎝（100g）
にんじん … 1/2本（100g）
長ねぎ … 1本
しょうが … 1かけ
ごぼう … 1/2本
ごま油 … 小さじ2
だし汁 … 4カップ
味噌 … 大さじ3
七味唐辛子 … 適量

作り方

1 大根は5㎜厚さのいちょう切り、にんじんは3㎜厚さの半月切り、長ねぎは斜め薄切り、しょうがはせん切り、ごぼうはささがきにする。豚肉は5㎝幅に切る。

2 鍋にごま油、しょうがを中火で熱し、大根、にんじん、ごぼう、長ねぎを炒める。野菜がしんなりしたら豚肉を加え炒める。

3 肉の色が変わったらだし汁を加え、煮立ったら弱めの中火にしてふたをし、野菜がやわらかくなるまで10分ほど煮る。

4 火を弱めて味噌を溶き入れる。

5 器に盛り、七味唐辛子をふる。

ねぎの韓国風味噌玉　　おくらのカレーチーズ味噌玉

5種の味噌玉

かつお節と好きな具材を合わせて丸めるだけ。保存しておけば忙しい日に大活躍間違いなしです。

ねぎの韓国風味噌玉

材料（6個分）**と作り方**

味噌 … 大さじ5
かつお節 … 3g
豆板醤 … 小さじ1/4
小ねぎ（小口切り）
　… 2本分
焼きのり（ちぎる）
　… 全形1/2枚分
を混ぜ合わせ、1/6量ずつ丸める。食べるときは、熱湯を注いでから、ごま油適量をたらす。

おくらのカレーチーズ味噌玉

材料（6個分）**と作り方**

おくら … 2本
は小口切りにし、トッピング用に6切れ取りおく。
味噌 … 大さじ5
かつお節 … 3g
カレー粉 … 小さじ2
残りのおくら
ピザ用チーズ … 20g
を混ぜ合わせ、1/6量ずつ丸めてトッピング用のおくらを味噌玉の上に1切れずつのせる。

わかめと桜えびの味噌玉

材料（6個分）**と作り方**

桜えび … 大さじ3
からトッピング用に6尾取りおく。
味噌 … 大さじ5
かつお節 … 3g
カットわかめ … 大さじ2
残りの桜えびを混ぜ合わせ、1/6量ずつ丸めてトッピング用の桜えびを1尾ずつ味噌玉の上にのせる。

油揚げとしらすの味噌玉

材料（6個分）**と作り方**

味噌 … 大さじ5
かつお節 … 3g
油揚げ（1cm角に切る）
… 1/4枚分
しらす … 大さじ2
を混ぜ合わせ、1/6量ずつ丸める。

切り干し大根と梅のごま味噌玉

材料（6個分）**と作り方**

味噌 … 大さじ5
かつお節 … 3g
切り干し大根
（1cm幅に切る）… 10g
梅干し（種を除いて
ちぎる）… 1個分
を混ぜ合わせ、1/6量ずつ丸めていりごま（白・黒）各適量をまわりにまぶす。

食べ方と保存の仕方

食べ方

味噌玉1個を器に入れ、熱湯1カップを注いでよく溶く。

保存の仕方

味噌玉を1個ずつラップで包み、閉じ口を絞ってジッパーつき保存袋に入れて冷蔵庫、または冷凍庫へ。冷蔵で1週間、冷凍で1か月ほど保存可能。

鶏肉のフライパン味噌トマト煮

フライパンでささっと作れるお手軽煮込み。旨み成分たっぷりの味噌とトマトは相性抜群。トマトの酸味もまろやかになります。

材料（2～3人分）

鶏もも肉…2枚（500g）
マッシュルーム
…1パック（100g）
玉ねぎ…1個
塩…小さじ1/4
こしょう…少々
A［酒…大さじ2
　味噌…大さじ2
オリーブオイル…小さじ1
カットトマト缶…1缶（400g）
ローリエ…1枚

作り方

1 マッシュルームは軸のかたい部分を切り落とし、半分に切る。玉ねぎは8等分のくし切りにする。鶏肉は一口大に切り、塩、こしょうをふる。Aは混ぜ合わせておく。

2 フライパンにオリーブオイルを中火で熱し、鶏肉を皮目を下にして入れ、3～4分焼く。焼き色がついたら裏返し、玉ねぎ、マッシュルーム、A、トマト缶、ローリエを加え、ふたをして煮る。

3 煮立ったら弱火にし、ときどき混ぜながら15分煮る。

肉野菜味噌炒め

手早く炒めて野菜はシャッキリ。味噌だれがしっかりからんだごはんがすすむ一品です。仕上げの青じそでさっぱり感も楽しめます。

材料（2人分）

豚こま切れ肉 … 200g
キャベツ … 4枚(200g)
もやし … 1/2袋(100g)
A［味噌 … 大さじ1と1/2
　 酒、みりん … 各小さじ2
サラダ油 … 小さじ1
青じそ … 4枚

作り方

1 キャベツは4～5㎝四方に切る。Aは混ぜ合わせる。

2 フライパンにサラダ油を中火で熱し、豚肉を炒める。

3 肉の色が変わったら、キャベツ、もやしを加え、しんなりしたらAを加えて炒め合わせる。

4 器に盛り、青じそを手でちぎりながらのせる。

きのこの味噌しょうが炊き込みごはん

秋の定番、きのこの炊き込み。しょうゆや塩もいいですが、きのこの香りを引き立てる味噌味もお気に入り。おこげもおいしいんです。

材料（4～5人分）

米… 2合
しめじ、まいたけ
　…各1パック（各100g）
しょうが… 1かけ
A
　味噌…大さじ2と1/2
　みりん、酒
　　…各大さじ1と1/2
小ねぎ（小口切り）…適量

作り方

1 米はといでから30分浸水させ、ざるに上げて水をきる。Aは混ぜ合わせておく。

2 しめじとまいたけは手でほぐす。しょうがはせん切りにする。

3 炊飯器の内釜に米、Aを入れ、2合の目盛りのやや下まで水を加えて軽く混ぜる。2をのせて普通に炊飯する。

4 炊き上がったらさっくりと混ぜて器に盛り、小ねぎを散らす。

鯛のしそ味噌焼き

青じそ入りの味噌を塗って
あぶるだけ。淡白な白身に
芳醇な香りが加わります。

材料（2人分）

鯛の切り身（さわら、鮭などでも）
…2切れ
塩…少々
A
- 青じそ（粗みじん切り）…3枚分
- 味噌…大さじ1
- みりん…小さじ1

作り方

1 鯛は塩をふり、5分おいて水けをふく。Aを混ぜ合わせ、味噌だれを作る。

2 鯛を魚焼きグリルで3分ほど焼き、上面に味噌だれを塗ってさらに3分ほど焼く。

＊途中で味噌だれを塗ることで焦げにくく、風味豊かに仕上がる。

味噌しょうがトマト

トマトの酸味と旨み、味噌のコク、しょうがでキリッとまとめたさっぱり和え物。

材料（2人分）

トマト … 1個（150g）

A ［ 味噌 … 小さじ 1/2
　 しょうが（すりおろし）… 小さじ1

オリーブオイル … 適量

作り方

1　トマトは一口大に切り、Aと和える。

2　器に盛り、オリーブオイルをまわしかける。

レンジなすのごま味噌和え

味噌に黒ごまをたっぷり加えた万能だれ。酢で味をしめて後味はさっぱり。

材料（2人分）

なす… 3個

A
- 黒すりごま … 大さじ2
- 味噌 … 小さじ4
- みりん*、酢 … 各小さじ4

ごま油 … 適量

*みりんに含まれるアルコールが気になる場合は、耐熱容器に入れてラップをかけずに電子レンジ（600W）で1分ほど加熱し、アルコールを飛ばす。

作り方

1 なすはヘタを切り落とし、1個ずつラップで包む。耐熱皿にのせて電子レンジ（600W）でやわらかくなるまで4分ほど加熱し、粗熱をとる。

2 なすを手で縦に割いてボウルに入れ、Aを加えて和える。

3 器に盛り、ごま油をまわしかける。

2種の味噌焼きおにぎり

青じそが香るしそ味噌とコチュジャンとにんにくが食欲をそそるピリ辛味噌で作るやみつき必至の焼きおにぎり。

しそ味噌おにぎり

材料（4個分）

温かいごはん … 400g
塩 … 少々
しそ味噌だれ
- 味噌 … 大さじ1
- 青じそ（みじん切り）… 3枚分

ピリ辛味噌おにぎり

材料（4個分）

温かいごはん … 400g
塩 … 少々
ピリ辛味噌だれ
- 味噌 … 大さじ1
- コチュジャン … 小さじ1/4
- にんにく（すりおろし）
  … 小さじ1/8

作り方

1 手を水で濡らして塩をつけ、ごはんを1/4量ずつ好みの形ににぎる。

2 味噌だれの材料を混ぜ合わせ、おにぎりの片面に薄く塗り広げる。

3 油少々を薄く塗ったアルミホイルにのせ、魚焼きグリルでこんがりと焼き色がつくまでそれぞれ4〜5分焼く。

味噌で旨みが増した鶏そぼろは常備菜の大定番。ごはんのおともにおすすめです。

味噌しょうがそぼろ

材料（作りやすい分量）

鶏ひき肉 … 200g
玉ねぎ … 1/2 個
しょうが … 1かけ

A
- 味噌 … 大さじ1と1/2
- 酒、水 … 各大さじ2
- しょうゆ、みりん … 各大さじ1

作り方

1　玉ねぎは5㎜角に切る。しょうがはみじん切りにする。

2　鍋にしょうが、A、鶏ひき肉、玉ねぎを入れてよく混ぜ合わせ、中火にかける。混ぜながら水分がなくなり、うっすら色づくまで加熱する。

＊火にかける前に材料を混ぜることで、ひき肉が塊になりにくい。
＊清潔な保存容器に入れて冷蔵で4～5日保存可能。

甘酒

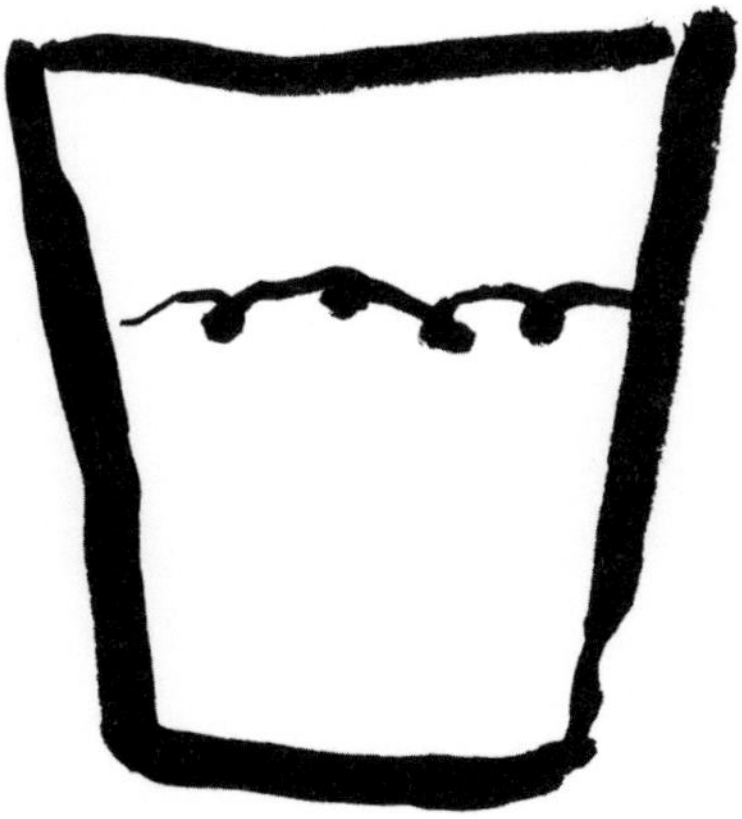

Amazake

甘酒の話

主なタイプ

甘酒の履歴書

甘酒には、米麹から作る「米麹甘酒」と酒粕から作る「酒粕甘酒」の2種類があります。米麹甘酒の原料は、米麹と水のみ（ごはんを入れる場合もある）。麹の酵素が米に含まれるデンプンをブドウ糖に変えて自然の甘みを引き出すため、砂糖もアルコールも含みません。一方、酒粕甘酒は水に溶かした酒粕に砂糖を加えて作るので微量のアルコールを含むことがあり、酒粕ならではの豊潤な香りとやや強めの甘みが特徴です。

本書では使い勝手がよく、ノンアルコールの米麹甘酒を使用しています。スーパーなどにはストレートタイプと濃縮タイプが並んでいて、用途によって使い分けることができます。

ストレートタイプ

水などで薄める必要がなく、そのまま飲める手軽さが魅力。甘酒ベースのスムージーやドリンクはもちろん、料理やおやつにもおすすめ。

濃縮タイプ

牛乳や豆乳、フルーツなどと混ぜて飲みたいときに便利。濃縮された甘みを活かしてヨーグルトにかけたりしても。

わが家の甘酒料理

毎朝飲むドリンクであり、料理やおやつに甘みを加える調味料でもある、わが家では活用の頻度が高い米麹の甘酒。いろいろな使い方をするので消費量が多く、冷蔵庫にあるか必ずチェックしているほど身近な食材です。

そのまま飲むのはもちろんですが、やさしい甘みを活かしてシャーベットにしたり、蒸しパンに入れたりとヘルシーなおやつにも大活躍。

おやつだけでなく、料理の甘みやだしにも使え、肉じゃがやパスタ、スープ、さらに和え物に少し加えると甘みだけでなくコクもプラスされます。なかでも、卵や乳製品と相性がいいので、スクランブルエッグやフレンチトースト、クロックムッシュもよく作ります。

砂糖より甘みがおだやかで甘ったるくならないのが、甘酒のよいところ。息子も大好きで、ぐずっていても甘酒で作った蒸しパンをほおばると、ころっとご機嫌になるほど。ドリンクとしても、おやつとしても安心して食べさせられるので、甘酒には本当に助けられています。

甘酒を活かす使い方のコツ

甘酒はドリンクとして、そのままはもちろん、豆乳や黒酢、炭酸水などと合わせるのもおすすめ。キウイやベリー類など甘酸っぱいフルーツとも相性がよく、さっぱり飲むことができます。

おやつや料理に使うときは、甘みと水分を活かした料理で。砂糖とは異なる米麹由来の自然な甘みなので、味が強くなりすぎることはありません。料理でも、ちょっとまろやかにしたい、甘みを入れたい、コクを出したいと思ったときに、少し甘酒を加えると味が決まることも多いですよ。

また、温かくして飲むときは少ししょうがを入れるのもおすすめ。ぴりっとアクセントになって甘いものが苦手な人にも飲みやすくなります。暑い時期は、そのまま凍らせてシャーベットに。わが家ではよくする食べ方です。しゃりしゃりとした食感と、甘すぎない味で、小さな息子にも食べさせやすい夏のおやつです。

市販の甘酒の選び方

ビタミンが豊富で栄養価が高いことから「飲む点滴」と呼ばれる甘酒。メディアなどで美肌や整腸作用などの効能が一躍注目を浴びてからは、市販品でも取り扱われる種類が増え、スーパーなどで米麹の甘酒も手に入りやすくなりました。

スーパーには大手酒蔵メーカーや味噌メーカーのものが並んでいますし、自然食品店や百貨店、アンテナショップでは、地域ごとの珍しい甘酒に出合うこともできます。

米麹以外にも玄米麹や黒麹、白麹など、麹の種類があったり、酒蔵と味噌蔵では麹の特徴が異なったりして、味わいもいろいろです。

私はあれこれ試したいので、気になるものを見つけるとお取り寄せもしていて、ついつい家にあるストックが多くなりがちです。

おすすめ商品

料理やおやつにも使いますが、何よりそのまま飲んでおいしいのが一番です。すっきりとした甘み、濃厚な味わい、麹の風味を感じるものなど、自分に合うものを見つけるのも楽しみのひとつ。

こちらの商品は、すっきりと飲める私のお気に入りです。

白隠正宗あまざけ（髙嶋酒造）

静岡県の酒蔵、髙嶋酒造の甘酒は酒造りで使っている米麹と富士山の伏流水で作られています。すっと体に入ってくるきれいな甘みが特徴で、パッケージもおしゃれなのでギフトにもおすすめです。

麹だけでつくったあまさけ（八海醸造）

新潟県八海醸造の麹だけで作ったあまさけ。スーパーなどでも手に入りやすい上、とってもおいしいのがお気に入りポイント。濃いめの贅沢な味わいですが、後味はすっきりしているので冷やして飲んでもおいしいです。

わが家の鮭のちゃんちゃん風

手軽でヘルシーなフライパン蒸しの中でよく作る一品。甘酒で鮭がふっくら、ほどよい甘みと味噌の旨みで野菜もたっぷり食べられます。

材料（2人分）

生鮭の切り身… 2切れ（200g）
キャベツ … 1/6 個（200g）
にんじん … 1/4 本（50g）
A ┌ 甘酒（ストレートタイプ）… 大さじ 3
　└ 味噌 … 大さじ 1 と 1/2
酒 … 大さじ 1

作り方

1 ポリ袋に A を入れてもむように混ぜてから鮭を加え、冷蔵庫で 15 分おく。

2 キャベツは 4 ㎝四方のざく切り、にんじんは 2 ㎜厚さの半月切りにする。

3 フライパンにキャベツ、にんじんを広げて鮭をのせ、ポリ袋に残った漬けだれと酒を全体にまわしかけ、ふたをして中火にかける。

4 蒸気が出てきたら弱火にし、15 分ほど蒸し焼きにする。

つぶしブロッコリーの甘酒スープ

たんぱく質や食物繊維などの栄養がぎゅっと詰まったスープ。甘酒、豆乳、玉ねぎのやさしい甘みは、体にじんわりしみるおいしさ。

材料（2人分）

ブロッコリー … 1/2 個（100g）
玉ねぎ … 1/2 個
ベーコン … 2 枚
オリーブオイル … 小さじ 2
水、豆乳（無調整）… 各 150mℓ
甘酒（ストレートタイプ）
　… 1/2 カップ
塩 … 小さじ 1/2

作り方

1 ブロッコリーは一口大に切り、茎は皮を厚くむいて乱切りにする。玉ねぎは 1 cm角、ベーコンは 1 cm幅に切る。

2 鍋にオリーブオイルを中火で熱し、玉ねぎ、ベーコンを炒める。玉ねぎがしんなりしたらブロッコリーを加えてさっと炒め、分量の水を加えてふたをし、煮立ったら弱火にして 8 分ほど煮る。

3 豆乳、甘酒を加え、マッシャーなどでブロッコリーをつぶしながら加熱し、ひと煮立ちしたら塩を加える。

甘酒肉じゃが

わが家の肉じゃがは砂糖を使わず、甘酒でまろやかに仕上げます。事前に甘酒を牛肉にまぶすことでしっとり煮上がります。

材料（3～4人分）

牛切り落とし肉 … 150g
甘酒（ストレートタイプ）
　… 大さじ2
じゃがいも … 2～3個（300g）
玉ねぎ … 1個
サラダ油 … 小さじ2
A ┌ だし汁 … 1と1/2カップ
　│ 甘酒（ストレートタイプ）
　│ 　… 80mℓ
　│ しょうゆ … 大さじ3
　└ 酒 … 大さじ2

作り方

1 牛肉に甘酒大さじ2をまぶしておく。じゃがいもは4等分に切り、玉ねぎは8等分のくし切りにする。

2 鍋にサラダ油を中火で熱し、じゃがいも、玉ねぎを炒める。野菜に透明感が出てきたらAを加える。

3 煮立ったら牛肉を広げ入れ、再び煮立ったらアクを取る。

4 弱めの中火にして落としぶたをし、ときどき混ぜながら7～8分煮る。

5 じゃがいもに竹串がスッと通ったら落としぶたを取り、中火にして7～8分煮詰める。

＊できたてはもちろん、冷めてから食べても味がしみておいしい。

甘酒魯肉飯《ルーローハン》

砂糖の代わりに甘酒を使用してほどよい甘みに。味がしみやすい薄切り肉を使っているので、重すぎずも、満足感のある仕上がりに。

材料（2人分）

温かいごはん … 茶碗2杯分
豚バラ薄切り肉 … 200g
玉ねぎ … 1/2個
にんにく … 1かけ
サラダ油 … 小さじ2
A
- しょうゆ、オイスターソース … 各大さじ1
- 甘酒 … 大さじ2
- 水 … 1/2カップ

卵 … 2個
香菜（ざく切り）… 適量

作り方

1 玉ねぎは横半分に切って縦薄切り、にんにくはみじん切りにする。豚肉は2㎝幅に切る。

2 フライパンにサラダ油、にんにくを入れて中火にかけ、香りが出たら豚肉、玉ねぎを加えて炒める。肉の色が変わったら、Aを加えてふたをし、8分ほど煮る。

3 別のフライパンにサラダ油小さじ2（分量外）を熱し、卵を割り入れて目玉焼きを半熟状に焼く。

4 器にごはんを盛り、2、3、香菜をのせる。

材料（２人分）

パスタ（1.6㎜）… 160g
アスパラガス … ４本
玉ねぎ … 1/2 個
にんにく … １かけ
ベーコン … ２枚
オリーブオイル … 大さじ２
薄力粉 … 小さじ２
A
- 牛乳 … ２カップ
- 甘酒（ストレートタイプ）… 80mℓ
- 水 … １カップ

塩 … 大さじ 1/2
黒こしょう … 適量

作り方

1 アスパラは根元から 1/3 部分の皮をむき、斜め薄切りにする。玉ねぎは縦薄切り、にんにくはみじん切りにする。ベーコンは１㎝幅に切る。

2 フライパンにオリーブオイル、にんにくを入れて中火にかけ、香りが出たら玉ねぎ、ベーコンを炒める。玉ねぎがしんなりしたら、薄力粉を加えて手早く炒め合わせる。

3 粉けがなくなったら A を混ぜながら少しずつ加える。煮立ったら塩、半分に折ったパスタを加え、混ぜながら袋の表示時間通りに加熱する。アスパラを加えてさらに２〜３分加熱し、器に盛り、こしょうをふる。

アスパラの甘酒クリームパスタ

フライパンひとつでお手軽。やさしい甘みがうれしい甘酒入りのソースです。

ミニトマトの甘酒マリネ

甘酒がふわっと香るマリネ液を甘酸っぱいトマトにまとわせた簡単副菜です。

材料（2～3人分）

ミニトマト … 10個（130g）
甘酒（ストレートタイプ）
　… 大さじ4
塩 … 小さじ1/2
酢 … 小さじ2

作り方

1 ミニトマトは横半分に切る。

2 すべての材料をポリ袋に入れ、冷蔵庫で30分おく。

マッシュルームの甘酒スクランブルエッグ

甘酒を加えたまろやか仕上げのふわとろ卵。マッシュルームの旨みも際立ちます。

材料（2人分）

卵 … 2個
マッシュルーム … 3個
甘酒（ストレートタイプ）
… 大さじ2
塩 … ひとつまみ
バター … 10g
黒こしょう … 適量

作り方

1 マッシュルームは軸のかたい部分を切り落とし、四つ割りにする。ボウルに卵を溶きほぐし、甘酒、塩を加えて混ぜる。

2 フライパンにバターを中火で熱し、マッシュルームを色づくまで炒める。**1**の卵液を流し入れ、菜箸で大きく混ぜる。

3 半熟状になったら器に盛り、こしょうをふる。

甘酒 クロックムッシュ

甘酒とハム&チーズで甘じょっぱく、栄養も満点。朝ごはんにおすすめです。

材料（2人分）

食パン（6枚切り）… 2枚
卵 … 1個
A ┌ 甘酒（ストレートタイプ）… 1/2カップ
　└ 豆乳（無調整）… 大さじ2
ロースハム … 2枚
バター（あればココナッツオイル）… 10g
ピザ用チーズ … 30g

作り方

1 ボウルに卵を溶きほぐし、Aを加えて混ぜる。

2 食パンは半分に切ってジッパーつき保存袋に入れ、1を加えて口を閉じる。途中上下を返しながら、冷蔵庫でひと晩おく。
＊袋でつけることで卵液がパンにしっかりしみ込む。

3 ハムは半分に切る。フライパンにバターを熱し、弱火にして2のパンを2切れ並べ入れ、ハム、チーズをのせる。残りのパンではさみ、焼き色がつくまで3〜4分焼く。

4 裏返してふたをし、さらに3〜4分焼く。

2種の甘酒ドリンク

疲れた体を癒やしてくれる甘酒ドリンク。暑い日はフルーティでさわやかな甘酒に。体が冷えたときは、しょうが入りの温かい甘酒にしていただきます。

ジンジャーソイ甘酒

材料（2人分）

甘酒（ストレートタイプ）
…1カップ
豆乳（無調整）… 1カップ
しょうが（すりおろし）… 小さじ1
きなこ、黒すりごま … 各適量

作り方

1 小鍋に甘酒、豆乳半量、しょうがを入れて温め、カップに注ぐ。

2 小鍋に残りの豆乳を温めてミルクフォーマーで泡立てる。1に加えてきなこ、黒ごまをかける。

＊ミルクフォーマーがない場合は、1で豆乳を全量加える。

キウイヨーグルト甘酒

材料（2人分）

キウイ … 1個（100g）
A
- 甘酒（ストレートタイプ）
…1カップ
- プレーンヨーグルト … 100g

作り方

1 キウイは皮をむいて2切れ輪切りにし、残りは一口大に切る。

2 ミキサーに一口大に切ったキウイとAを入れて攪拌する。グラスに注ぎ、輪切りのキウイを飾る。

かぼちゃの甘酒蒸しパン

息子も大好きなおやつ。まろやかでコクがあり、しっとり&モチモチです。

材料
(直径7㎝程度のプリンカップ5個分)

かぼちゃ(種とワタを除く)
…120g
甘酒(ストレートタイプ)…130mℓ
きび砂糖…大さじ2
太白ごま油(またはサラダ油、菜種油)…大さじ1
A 薄力粉…80g
A ベーキングパウダー…小さじ2
黒いりごま…大さじ1

作り方

1 かぼちゃは一口大に切って水にくぐらせ、耐熱ボウルに入れてラップをふんわりとかけ、電子レンジ(600W)で4分30秒ほど加熱する。皮を除き70gをボウルに入れてスプーンでつぶす。甘酒、きび砂糖を加えて泡立て器で混ぜ、砂糖が溶けたら太白ごま油を加えて混ぜる。

2 Aを合わせてふるい入れ、泡立て器で静かに混ぜる。ダマがなくなったら黒ごまを加え、さっと混ぜる。

＊混ぜすぎないように注意。

3 紙カップを入れたプリンカップに2を1/5量ずつ流し入れる。蒸気がしっかり上がった蒸し器で18分ほど強火で蒸す。竹串を刺して生地がつかなければ蒸し上がり。

塩麹

Shiokoji

塩麹の話

塩麹の履歴書

麹に塩と水を加えて、発酵させて作る塩麹。塩と同じように使えるので塩みは強めですが、麹の旨みと甘み、発酵食材ならではの風味が加わったまろやかな味わいが特徴です。

スーパーなどに並ぶのは白米の米麹から作られているものが多いですが、玄米麹、麦麹を原料とするものもあり、それぞれ違った味わいを持ちます。白い塩麹に比べて、玄米塩麹は甘さは控えめ。玄米の香ばしいような香りも楽しめるので、スープをさっぱり食べたいときには玄米塩麹を使うなど、使い分けもおすすめです。

最近では市販品にもにんにく塩麹、玉ねぎ塩麹など、さらに旨みをプラスしたものが増えています。

わが家の塩麹料理

塩麹はまろやかな塩み、旨み、甘みのすべてを兼ね備えた万能調味料。塩のように活用できるので、わが家では炒め物などのメインからスープ、ごはんものまで幅広く使っています。また、冷蔵庫のあまり野菜を塩麹でささっと漬けて、浅漬けにしたりもします。

塩と同様にクセがなく、献立の中で複数のメニューに使っても偏った味にならないのも塩麹のいいところ。とろとろとした形状なので、漬け込みに使えば食材となじみやすく、酵素の働きで肉や魚がやわらかくなり、旨みも増して一石二鳥です。漬け込んでおけば、あとは焼いたり、揚げたり、蒸したり、気分に合わせて調理できます。

塩麹を活かす使い方のコツ

塩麹は合わせる食材を選ばない万能選手。キャベツやかぶのようなさっぱりとした野菜からは甘みを引き出し、鶏むね肉など淡白な食材には旨みをプラスするなど、塩よりもおだやかに食材の味わいを活かしてくれます。

塩麹はそれ自体に、甘みや旨みなどの奥深さがあるので、調味料をあれこれ入れないほうが、塩麹のやさしい味わいを楽しめます。スープや鍋も塩麹があれば他の調味料は必要なし。具材の旨みを引き出してやさしくまとめてくれます。

白米や玄米を炊くときに少し加えれば、もちっと炊き上がります。冷めてもおいしいのでお弁当にもいいですね。炊き込みごはんをすっきり仕上げたいときにもおすすめですよ。

おすすめ商品

塩麹は使う麹により味わいが少し変わりますが、まずは手に入りやすいものを使ってみて、「塩麹ってこんなに便利！」と実感できるといいと思います。

麹によって、甘みが強いもの、旨みが強いものがあるので、慣れてきたらあれこれ試してみてください。

**プラス糀《こうじ》 生塩糀
（マルコメ）**

味噌メーカー、マルコメの塩麹。手に入りやすく、冷蔵庫に収納しやすいほどよい大きさのスタンドパックも便利。どんな料理にも合いますが旨みが強めの味わいなので、肉など主張が強い食材がおすすめです。

**麹屋の玄米塩麹
（麹屋もとみや）**

岩手県八幡平の麹屋もとみやの玄米塩麹。麹の香りが強すぎず、玄米の香ばしさを感じられるので、麹調味料の香りが苦手という人でも使いやすいと思います。玄米のつぶつぶ感もあって食感が楽しいです。

わが家の野菜の塩麹もみ

材料（作りやすい分量）

白菜… 2～3枚（250g）
にんじん…1/2本（100g）
かぶ（葉つき）… 1個（150g）

A
- 塩麹 …大さじ2と1/2
- 酢 …大さじ1
- 砂糖…小さじ1

＊野菜は、きゅうり、大根、パプリカなど、アクが強くないものなら何でもOK。

作り方

1 白菜は1.5cm幅、にんじんは半月切りにする。かぶは縦半分に切って縦薄切り、かぶの葉は3～4cm幅に切る。

2 ジッパーつき保存袋に、1、Aを入れてもみこみ、15分ほどおく。

＊清潔な保存容器に入れ、冷蔵で3～4日保存可能。

冷蔵庫の残り野菜で手軽に。とっても便利で頻繁に作る浅漬けです。塩麹と少しの調味料でもんでおくだけで、いい塩梅に漬かります。サラダ感覚でパリパリ野菜が食べられますよ。

フライパン よだれ鶏

パサつきがちな鶏むね肉も塩麹に漬け込めばしっとり仕上がり、食べごたえのあるごちそうに。黒酢入りのさっぱりとしつつもコクのあるたれがよく合います。

材料（2人分）

鶏むね肉 … 1枚（300g）
塩麹 … 大さじ1と1/2
もやし … 1袋（200g）
酒 … 大さじ1

A
- 黒酢 … 大さじ1
- しょうゆ … 大さじ1
- 砂糖、ごま油 … 各小さじ1
- しょうが（すりおろし） … 小さじ1/2

香菜（ざく切り）、ピーナッツ（粗く刻む）、ラー油 … 各適量

作り方

1 鶏肉は身の厚い部分を開いて厚みを均等にし、ジッパーつき保存袋に入れて塩麹をもみこみ、冷蔵庫でひと晩おく。

2 フライパンにもやしを広げて鶏肉を皮目を下にしてのせ、酒、水大さじ2（分量外）をふる。ふたをして弱めの中火にかけ、蒸気が出たら弱火にして8分加熱し、火を止めてそのまま5分おく。

＊加熱後に余熱で火を入れることで、パサつかずに仕上がる。

3 Aを合わせ、2の蒸し汁小さじ2を加えて混ぜる。

4 器にもやしを敷き、鶏肉を食べやすい大きさに切ってのせ、香菜を添える。3をかけてピーナッツを散らし、ラー油をかける。

塩麹ねぎ鍋

だしに塩麹を入れるだけで鍋つゆに。簡単&シンプルですが、箸が止まらないおいしさです。シメのそうめんまで楽しんでください。

材料（2～3人分）

豚もも肉（しゃぶしゃぶ用）
…250g
長ねぎ… 3本
豆苗… 1/2パック
だし汁… 3カップ
塩麹… 大さじ1と1/2
ごま油、黒こしょう… 各適量
そうめん（シメ）… 適量

作り方

1 長ねぎは斜め薄切りにする。豆苗は半分の長さに切る。

2 鍋にだし汁を中火で熱し、煮立ったら塩麹を加える。

3 豚肉、長ねぎ、豆苗を適宜加え、ごま油、こしょうを好みで加え、豚肉に火が通ったら食べる。

4 ひと通り食べ終わったら、かためにゆでたそうめんを入れて温める。

塩麹の香味から揚げ

塩麹でジューシーに。さらに薄力粉をもみこむことで、味をしっかり感じられて満足感もあり。冷めてもおいしいのでお弁当にもどうぞ。

材料（2～3人分）

鶏もも肉… 2枚（600g）

A
- 塩麹 … 大さじ3
- 酒 … 大さじ1
- にんにく（すりおろし）、しょうが（すりおろし）… 各1かけ分

薄力粉 … 大さじ2
片栗粉 … 適量（目安大さじ6）
サラダ油 … 適量

作り方

1 鶏肉は大きめの一口大に切り、ポリ袋に入れてAをもみこみ、冷蔵庫でひと晩おく。

2 1に薄力粉を加えてもみこむ。

3 バットに片栗粉を入れ、2を1切れずつ入れてまぶす。

4 サラダ油を180℃に熱し、3を入れる。最初は触らず、2分ほど揚げて上下を返す。さらに1～2分揚げたら一度取り出して5分ほどおく。

5 油を190℃にして、4を戻し入れ、空気に触れさせるように混ぜながら30秒～1分揚げて油をきる。

たっぷり野菜の塩麹スープ

塩麹で野菜の甘みを引き出して作る定番スープ。ほっとする味わいです。

材料（2人分）

キャベツの葉… 1枚（100g）
玉ねぎ…1/2個
にんじん…1/4本（50g）
ベーコン… 1枚
オリーブオイル…小さじ2
水…500mℓ
塩麹…大さじ1と1/2
黒こしょう…少々

作り方

1 キャベツは2㎝角、玉ねぎ、にんじんは1㎝角、ベーコンは1㎝幅に切る。

2 鍋にオリーブオイルを中火で熱し、ベーコン、玉ねぎ、にんじんを炒める。

3 玉ねぎがしんなりしたらキャベツを加えてさっと炒め、分量の水、塩麹を加えてふたをする。煮立ったら弱火にし、にんじんがやわらかくなるまで4～5分煮る。

4 器に盛り、こしょうをふる。

塩麹さつまいもごはん

塩麹でごはんはもっちり、さつまいもは甘みが増す、おいしさ倍増の炊き込みごはんです。

材料（作りやすい分量）

米 … 2合*
さつまいも … 1～2本（250g）
A［塩麹 … 大さじ2と1/2
　 酒、みりん … 各大さじ1
黒いりごま … 適量

*半量をもち米に代え、おこわにしてもおいしい。

作り方

1 米はといでから30分浸水させ、ざるに上げて水をきる。Aは混ぜ合わせておく。

2 さつまいもは1.5㎝幅のいちょう切りにし、5～10分水にさらして水けをきる。

3 炊飯器の内釜に米、Aを入れ、2合の目盛りまで水を加えて軽く混ぜる。2をのせて普通に炊飯する。

4 炊き上がったらさっくりと混ぜて器に盛り、黒ごまを散らす。

豚のにんにく塩麹焼き

漬け込むだけの手軽さでお肉がしっとり。ごはんがすすむおかずになります。

材料（2人分）

豚ロース肉（厚切り）
…2枚（300g）

A
- 塩麹…大さじ1と1/2
- にんにく（すりおろし）…1かけ分

ごま油…小さじ2

フリルレタス、すだち…各適量

作り方

1 豚肉は筋を切ってポリ袋に入れ、Aをなじませて冷蔵庫でひと晩おく。

2 フライパンにごま油を弱めの中火で熱し、漬けだれを軽くぬぐった豚肉を入れる。2～3分焼いて裏返し、弱火にしてふたをし、さらに2～3分焼く。

＊焦げやすいので、様子を見ながら焼き加減を調整する。ぬぐった漬けだれは、スープや汁物など加熱して再利用可能。

3 豚肉を食べやすい大きさに切り分けて器に盛り、レタス、すだちを添える。

れんこんの青のりステーキ

ほっくり焼いたれんこんに、塩麹、青のりをからめて。おつまみにもぴったりです。

材料（2人分）

れんこん … 200g
にんにく … 1かけ
オリーブオイル … 大さじ1
A
- 酒 … 大さじ1
- 塩麹 … 小さじ2
- 青のり … 小さじ1

作り方

1 れんこんは1.5㎝厚さの輪切りにする。にんにくは包丁でつぶす。

2 フライパンににんにく、オリーブオイルを入れて弱めの中火にかけ、香りが出たられんこんを加えてふたをし、7分ほど蒸し焼きにする。途中、にんにくが焦げそうになったられんこんの上にのせる。

3 れんこんを裏返し、水大さじ2（分量外）を加えて再度ふたをし、さらに4分ほど蒸し焼きにしてAを加えてからめる。

塩麹だけで漬け込む、まろやかな塩味の味玉。黄身はとろ～り濃厚です。

塩麹味玉

材料（作りやすい分量）

卵（冷えたもの）… 4 個
塩麹 … 大さじ 3

作り方

1 鍋に湯を沸かし、卵をお玉などで静かに入れ、7 分 30 ～ 40 秒ゆでる。
＊ゆで上がる前に氷水を準備しておく。

2 卵を氷水に取り、10 分以上おいて冷ましてから水の中で殻をむく。
＊これで殻がつるっとむける。

3 ポリ袋に卵、塩麹を入れてなじませ、冷蔵庫で 1 日おく。
＊冷蔵で 2 ～ 3 日保存可能。

黒酢

Kurozu

黒酢の話

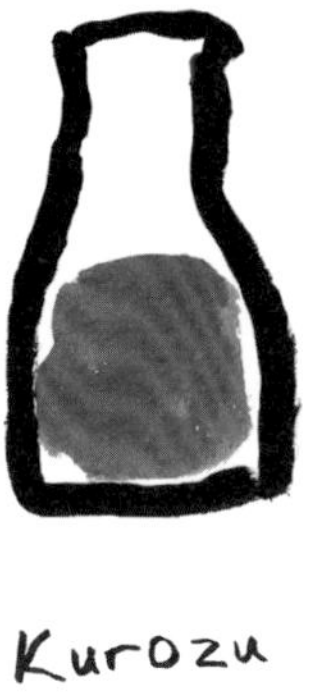

黒酢の履歴書

一般的な米酢は、精製された米を使っているのに対し、黒酢は精製する前の玄米を使用。麹菌と水を合わせて発酵・熟成させることで、黒酢ならではの深い琥珀色になります。味や香りも深くなり、酢酸やアミノ酸、ビタミン、ミネラルなど体にうれしい栄養も豊富に含まれます。

日本の黒酢の発祥と言われる鹿児島県霧島市福山町では、野外に並べた壺を使った伝統的な製法で、1年以上発酵・熟成させて造られています。

熟成の期間が長いほど、色合いや旨みが深くなり、酸味がまろやかで芳醇な香りの黒酢に仕上がります。

わが家の黒酢料理

私はお酢好きですが、特に黒酢が大好き。わが家では年中黒酢を使います。特に夏には頻繁に黒酢料理が登場します。黒酢のコクのある酸味と複雑な味わいは、料理にさわやかさとともに奥行きを与え、暑い季節にぴったり。南蛮漬けや酢の物はもちろん、きんぴらやナムルなどいつもの料理に加え、さっぱり仕様にするのもおすすめです。

そして、わが家の餃子のたれの定番が「黒酢こしょう」。ジューシーな餃子でも脂っこさを感じさせず、さらりと食べることができます。

料理だけでなく、毎朝の甘酒ドリンクにも黒酢を加えています（P84参照）。さっぱりと飲みやすく、体がシャキッと目覚めます。

黒酢を活かす使い方のコツ

黒酢は長時間加熱すると酸味が飛んでしまうため、仕上げに加えるか加熱を短時間にするのがさわやかさを活かすポイントです。

炒め物や煮物にも、仕上げにほんの少し黒酢を加えると、味が締まって決まりやすい、という利点もある上、ほんのり香るさわやかな黒酢がいいアクセントになります。

米酢に比べて、まろやかでコクがあるので、酸味の角が立ちすぎず、幅広い料理に使えるのも黒酢の魅力。ねぎやしょうゆなどと合わせた万能だれは、奥深い黒酢の風味が楽しめ、あっさりした食材と相性抜群です。

また、サンラータンや酢豚のように軽く加熱すると、酸味がまろやかになってさらに食べやすくなりますよ。

おすすめ商品

産地や色の濃さなどはお好みのもので。私は鹿児島県霧島市の壺造りで仕込まれた黒酢が好きでよく使っています。さっぱりとしていて、どんな料理とも相性がよく、特に夏は出番が多くなります。

もろみを残したにごり酢は、黒酢とは違ったおいしさがあり、ドリンク用に。

黒酢もろみのにごり酢
(tsumugi-te-)

坂元醸造さんと一緒に造った壺造りのにごり酢。酢は通常もろみをこして造りますが、もろみを残すことでまろやかな味わいに。注目の発酵菌「酢酸菌」が含まれているのも体にうれしいポイントです。

坂元のくろず
(坂元醸造)

鹿児島県霧島市で伝統的な壺造りという製法で造られている黒酢。屋外に壺が並ぶ風景は圧巻で、その中で黒酢が発酵熟成され、複雑なコクのある仕上がりになります。この場所でしか造れない味わいです。

わが家の野菜たっぷりささみの南蛮漬け

たっぷりの野菜を合わせてサラダのように。作りおきもできるわが家の定番です。魚もよいですが、ささみなら手軽に作れます。

材料（2～3人分）

鶏ささみ（筋のないもの）
　… 4本（240g）
塩、こしょう … 各少々
薄力粉 … 大さじ1
玉ねぎ … 1/4個
セロリ … 1/2本
にんじん … 1/4本（50g）
すだち（あれば）… 適量

A
- だし汁 … 3/4カップ
- 黒酢 … 大さじ2
- しょうゆ … 大さじ2
- みりん＊… 大さじ1
- 赤唐辛子（小口切り）… 1/2本分

サラダ油 … 大さじ1

＊みりんのアルコールが気になる場合は、耐熱容器に入れてラップをかけずに電子レンジ（600W）で40～50秒ほど加熱し、アルコールを飛ばす。

作り方

1 玉ねぎは縦薄切り、セロリ、にんじんは細切り、すだちは輪切りにする。ささみはそぎ切りにして塩、こしょうをふり、薄力粉を薄くまぶす。

2 Aは保存容器に入れて混ぜる。

3 フライパンにサラダ油を弱めの中火で熱し、ささみを入れて片面1～2分ずつ焼く。熱いうちに2に入れる。

4 さらに玉ねぎ、セロリ、にんじん、すだちをのせて上からラップを表面にぴったり敷き込み、味がなじむまで15分ほどおく。

トマトとおくらの サンラータン

おくらのとろみで片栗粉いらず。コクのある黒酢とトマトの酸味でやさしい味に仕上がります。辛いのが好きな人はラー油を多めに。

材料（2人分）

トマト … 1個（150g）
おくら … 2本
水 … 350mℓ
A ┌ 黒酢 … 大さじ2
　│ しょうゆ、酒 … 各大さじ1
　└ 鶏ガラスープの素 … 小さじ1
溶き卵 … 1個分
ラー油、黒こしょう … 各適量

作り方

1 トマトは1cm角に切り、おくらは小口切りにする。

2 鍋に分量の水を入れて中火にかけ、沸騰したら1、Aを加える。

3 再び煮立ったら溶き卵を少しずつまわし入れ、そのまま数秒おく。卵がかたまってきたら火を止めて器に盛る。ラー油をまわしかけ、こしょうをふる。

豚こま酢豚

薄切り肉を使って揚げずに手軽に作ります。野菜と肉の旨みと黒酢で味に深みが生まれ、満足感もアップ。ごはんにもよく合います。

材料（２人分）

豚こま切れ肉 … 250g
塩、こしょう … 各少々
片栗粉 … 適量
玉ねぎ … 1/2 個
ピーマン … ２個
サラダ油 … 大さじ３
A
- トマトケチャップ … 大さじ２
- 黒酢 … 大さじ１
- しょうゆ、水 … 各大さじ１
- 砂糖、片栗粉 … 各小さじ１

作り方

1 玉ねぎは横半分に切って縦２㎝幅に切り、ピーマンは乱切りにする。豚肉は塩、こしょうをふり、片栗粉をまぶす。A は混ぜ合わせておく。

2 フライパンにサラダ油を中火で熱し、豚肉を３～４分かけて両面がカリッとするまで焼く。

3 豚肉に火が通ったら玉ねぎ、ピーマンを加えて炒める。しんなりしたら余分な油をふき取り、A を加えて炒め合わせる。

豆苗の肉巻き蒸し黒酢ねぎだれ

豆苗が肉の旨みを吸っておいしくなる、ヘルシーなフライパン蒸し。ねぎたっぷりの黒酢だれでさっぱり。もりもり食べられます。

材料（2人分）

豚ロース薄切り肉…10枚
塩、こしょう…各少々
豆苗… 1パック
酒…大さじ1
A
- 長ねぎ（みじん切り）…5㎝分
- 黒酢…大さじ1
- しょうゆ…大さじ1
- ごま油…小さじ2
- 砂糖…小さじ1

作り方

1 豆苗は根元を切り落とす。豚肉は塩、こしょうをふる。Aは混ぜ合わせておく。

2 豚肉を1枚広げ、手前に豆苗を1/10量のせて巻く。残りも同様にする。

3 フライパンに2を巻き終わりを下にして並べ、酒、水大さじ2（分量外）をまわしかけてふたをし、中火にかける。蒸気が出たら弱火にして5分蒸す。

4 器に盛り、Aをかける。

黒酢きんぴらごぼう

最後に黒酢を加えてさっぱり仕上げる新しいきんぴら。味がぐっと締まります。

材料（3～4人分）

ごぼう … 1本（150g）
ごま油 … 小さじ2
赤唐辛子（小口切り）… 1本分
A しょうゆ … 大さじ1
A 酒、みりん … 各大さじ1と1/2
黒酢 … 小さじ2
白いりごま … 大さじ1

作り方

1 ごぼうは細切りにする。

2 フライパンにごま油を中火で熱し、赤唐辛子、ごぼうを炒める。ごぼうに透明感が出てきたらAを加え、ほとんど水分がなくなったら黒酢、白ごまを加えてさっと炒める。

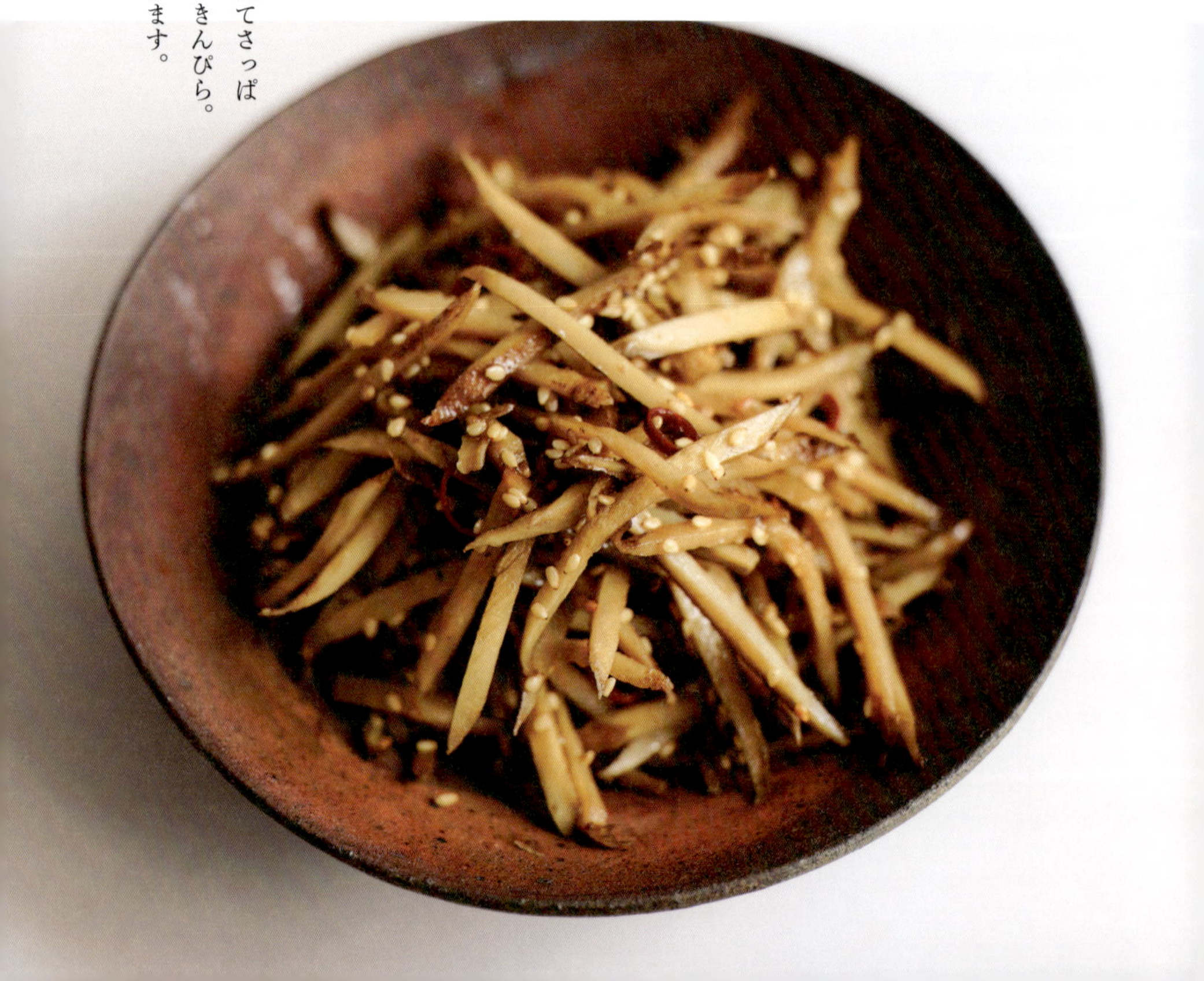

もやしの黒酢ナムル

さっと作れるピリ辛ナムル。黒酢を少し加えると味はすっきり。深みも生まれます。

材料（2～3人分）

もやし … 1袋（200g）

A
- しょうゆ … 小さじ2
- 黒酢 … 小さじ1
- ごま油 … 小さじ1
- 豆板醤 … 小さじ1/4
- にんにく（すりおろし）… 少々

白いりごま … 適量

作り方

1 鍋にたっぷりの湯を沸かしてもやしを1分ほどゆで、ざるに上げて水けをきり、ボウルに入れる。

2 もやしが熱いうちにAを加えて和える。器に盛り、白ごまを指でつぶしながらかける。

わが家の朝は発酵ドリンクからはじまります

わが家の朝の定番は、「にごり酢甘酒ラッシー」です。黒酢もろみのにごり酢（Ｐ73）と甘酒、ヨーグルトを混ぜ合わせた簡単ドリンクで、毎朝、夫婦で欠かさず飲んでいます。

もともと甘酒に黒酢を入れて飲んでいましたが、オリジナルのにごり酢を坂元醸造さんと一緒に作ってから、より体にうれしい酢酸菌が入ったにごり酢を黒酢の代わりに加えるようになりました。

今ではヨーグルトの乳酸菌も合わせてトリプル発酵ドリンクとして楽しんでいます。シャキッとする目覚めの一杯で朝から元気に過ごせています。

にごり酢甘酒ラッシーの作り方（2人分）

甘酒（ストレートタイプ）１５０㎖、プレーンヨーグルト90㎖、黒酢もろみのにごり酢大さじ2をグラスに半量ずつ入れる。
よく混ぜて飲む。

酒粕

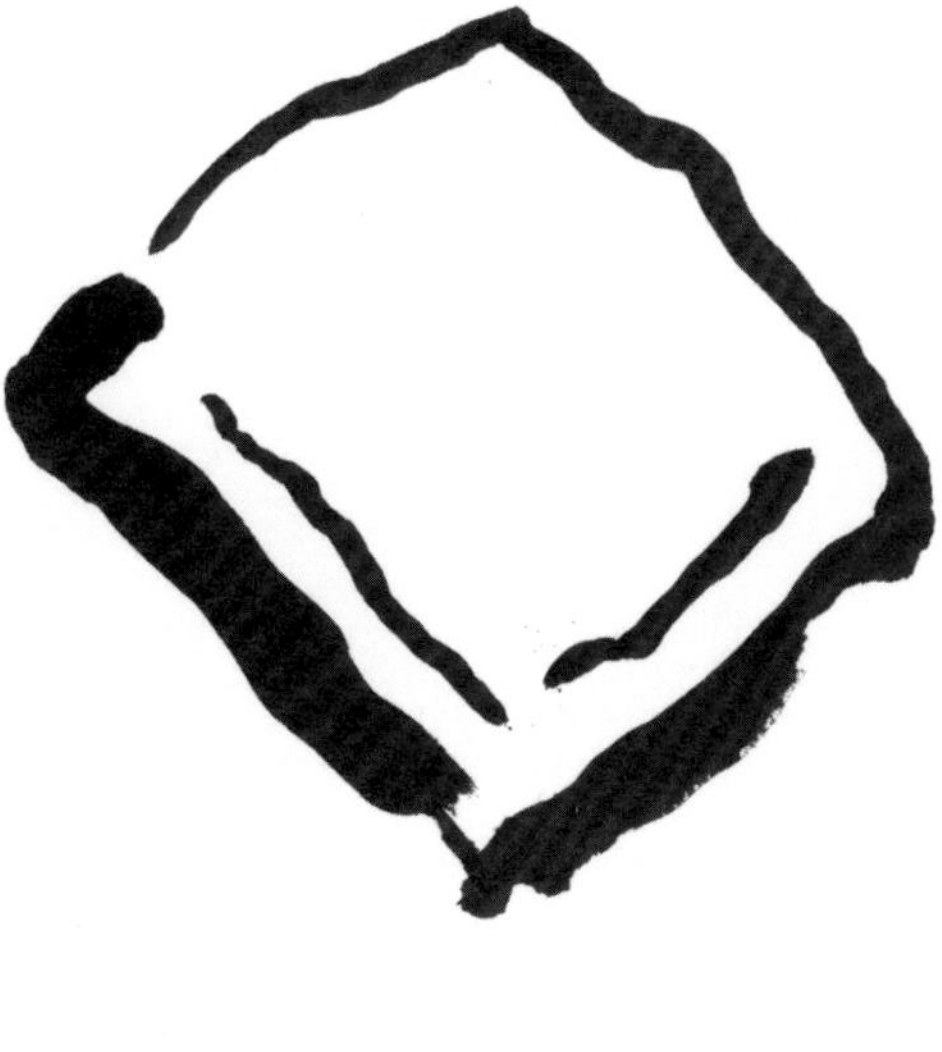

Sakekasu

酒粕の話

酒粕の履歴書

酒粕は日本酒を搾ったあとの副産物。酒米と麹、水を混ぜたもろみを搾り、抽出した液体が日本酒、残った固形物が酒粕です。

酒粕には3つの種類があり、搾ったままの板状のものが「板粕」。酒造りが最盛期となる冬から出回ります。醸造途中できれいな板状にならなかったものが「バラ粕」です。もうひとつは「練り粕」。板粕やバラ粕を熟成させたもので、やわらかいのが特徴です。

酒を搾ったあとの酒粕にも日本酒の成分が少し残るので、アルコールが含まれます。非加熱で使用する場合は摂取にご注意ください。

わが家の酒粕料理

「冷蔵庫に使いかけの酒粕が眠っています」。そんなことをよく聞きますが、私はお酒が好きなのに弱いので、飲む代わりに好きな日本酒の酒粕を料理によく使います。

例えば粕汁。鮭や野菜をたっぷり入れて……と少しハードルが高い印象かもしれませんが、わが家の粕汁はいつもの味噌汁に入れるだけ。日々の味噌汁に加えると、摂っておきたいレジスタントスターチなどの栄養価がアップしますし、腸の調子もよいです。

味噌汁だけでなく、ポテトサラダに入れると旨みがアップしたり、サムゲタンに入れるととろみが増したり……酒粕は意外にいろいろ使えます。

酒粕を活かす使い方のコツ

酒粕はクセがあると思われがちですが、調理を工夫することでとても食べやすくなります。

そのまま食べたい場合は焼くと香ばしさでさらにおいしく、風味が増します。そのままあぶって食べるのもよいのですが、私は相性のいい味噌と合わせて焼くのがお気に入り。味噌の甘みによって酒粕がまろやかになり、より食べやすくなるのでお試しください。

気軽に摂れるのは汁物。いつもの味噌汁やスープに入れるだけでコクが増し、とろりと体が温まります。そして酒粕は漬け込み調理にも向いています。漬けることで肉や魚がやわらかくなり、臭みも取れて食材の旨みがアップ。鶏むね肉やささみ、白身魚など淡白な食材を使うのがおすすめです。

おすすめ商品

この本では使い勝手がよく食べやすい練り粕と、より酒粕の風味が楽しめる板粕を使い分けています。

どちらもスーパーなどでも手に入りやすくなり、最近は冬になると搾りたての酒粕が並びます。お気に入りの酒蔵からお取り寄せするのもいいですね。

御前酒の酒粕（板粕）
（辻本店）

岡山県御前酒の板粕。特に搾りたての新鮮な酒粕のため、すっきりとした旨みで、さっぱりと食べられます。あぶり酒粕味噌（P98）のように、そのまま食べるときにもおすすめの商品です。

八海山 ねり酒粕
（八海醸造）

練り粕はそのままでやわらかいので汁物などにも溶きやすくて便利。板粕と比べて熟成されているぶん、まろやかな味わいになります。こちらの練り粕はクセがなく、使いやすいです。

わが家の鶏むね肉の粕漬け焼き

お客さんに出すと「むね肉がやわらかい！」「酒粕なのにクセがなくておいしい」と驚かれる自慢のレシピです。ほどよい旨みが余韻になります。

材料（２人分）

鶏むね肉 … １枚（300g）

A
- 酒粕＊（練り粕）… 50g
- 味噌 … 大さじ２
- みりん … 大さじ２

ごま油 … 大さじ１

サニーレタス … 適量

＊板粕またはバラ粕を使用する場合

板粕またはバラ粕の場合は、耐熱容器に入れて水大さじ１をふり、ラップをふわりとかけて電子レンジ（600W）で40秒加熱し、よく混ぜ合わせて使用する。

作り方

1 鶏肉は身の厚い部分を開いて厚みを均等にし、ジッパーつき保存袋に入れる。混ぜ合わせたＡをなじませ、冷蔵庫でひと晩おく。

2 １を30分〜１時間、室温におき、鶏肉についた漬け床をぬぐう。

3 フライパンにごま油を弱めの中火で熱し、鶏肉を皮目を下にして入れ、ふたをして３〜４分焼く。裏返してさらに火が通るまで３〜４分焼いて火を止め、そのまま５分ほどおいて食べやすい大きさに切る。器にレタスを敷き、鶏肉を盛る。

気ラクな粕汁

味噌と相性のいい酒粕。わが家の粕汁は、いつもの味噌汁に酒粕を加えるだけ。気軽に作れて発酵パワーは2倍に。酒粕のとろみで体はぽかぽかです。

ピーマン酒粕豚汁

材料（2人分）

豚バラ薄切り肉 … 80g
ピーマン … 2個（70g）
しょうが … 1かけ
ごま油 … 小さじ1
だし汁 … 2カップ
酒粕＊（練り粕）… 50g
味噌 … 大さじ1と1/2
練りがらし … 少々

＊板粕またはバラ粕の場合は、P89の使用方法を参照。

作り方

1 ピーマンは縦半分に切って横3㎜幅に切る。しょうがはせん切り、豚肉は3㎝幅に切る。

2 鍋にごま油、しょうがを中火で熱し、豚肉を炒める。肉の色が変わったら、だし汁、酒粕を加える。煮立ったら火を弱めて4～5分加熱し、味噌を溶き入れる。

3 器にピーマンを入れて2を注ぎ、練りがらしをのせる。

なめことおくらの粕汁

材料（2人分）

なめこ … 1袋（100g）
おくら … 2本
だし汁 … 2カップ
酒粕＊（練り粕）… 50g
味噌 … 大さじ1と1/2

＊板粕またはバラ粕の場合は、P89の使用方法を参照。

作り方

1 おくらは小口切りにする。

2 鍋にだし汁、酒粕を入れて中火にかけ、煮立ったら4～5分煮る。

3 なめこ、おくらを加えてひと煮立ちしたら、火を弱めて味噌を溶き入れる。

酒粕サムゲタン鍋

骨つき肉を煮た旨みたっぷりのスープに、すりおろしれんこんを加えてとろとろにしました。酒粕や香味野菜で体の芯から温まります。

材料（3～4人分）

鶏手羽元 … 8本（480g）
塩 … 小さじ1/2
こしょう … 適量
長ねぎ … 2本
しょうが、にんにく … 各1かけ
水 … 1 ℓ
A
- 松の実、クコの実（あれば） … 各大さじ1
- もち米（または米） … 大さじ2

れんこん … 100g
酒粕（練り粕） … 70g

作り方

1 長ねぎは青い部分も含めて5㎝長さに切る。しょうがは皮ごと薄切り、にんにくは横半分に切る。

2 鶏手羽元は骨に沿って切りこみを入れ、塩、こしょうをすりこむ。

3 鍋に分量の水、2、1、Aを入れ、ふたを少しずらしてのせて中火にかける。煮立ったらアクを取り、再びふたを少しずらしてのせて弱火にし、30分煮る。

4 れんこんは皮ごとすりおろす。

5 3に4、酒粕を加え、ふたをしないでさらに7～8分煮る。塩ひとつまみ～（分量外）で味を調える。

鶏肉と白菜の酒粕グラタン

寒い日に食べたくなる具だくさんグラタン。まろやかなホワイトソースに酒粕と味噌を加えると深みが増し、ひと味違った味わいに。

材料（2人分）

鶏もも肉 … 小1枚（200g）
塩、こしょう … 各少々
白菜の葉 … 2枚（200g）
玉ねぎ … 1/2個（100g）
バター … 20g
薄力粉 … 大さじ2
牛乳 … 2カップ
味噌 … 大さじ1
酒粕（練り粕）… 50g
ピザ用チーズ … 50g

作り方

1 白菜は3～4㎝四方に切り、玉ねぎは縦薄切りにする。鶏肉は一口大に切り、塩、こしょうをもみこむ。

2 フライパンにバターを中火で熱し、鶏肉を皮目を下に入れて焼きながら空いているところで玉ねぎを炒める。2～3分したら鶏肉を裏返し、白菜を加えてさらに2～3分焼く。

3 弱火にして薄力粉を加えて炒め合わせ、粉けがなくなったら牛乳を少しずつ加えて混ぜる。味噌、酒粕を加えて中火にし、とろみがつくまで煮てこしょう（分量外）をふる。

4 グラタン皿に3を入れてピザ用チーズを散らし、オーブントースターで焼き色がつくまで5分ほど焼く。

大人の酒粕ポテトサラダ

わが家の定番、ヨーグルトポテサラにさらに酒粕を加えて大人味に。ヨーグルトでさっぱり、ふわっと香る酒粕がクセになります。

材料（3～4人分）

じゃがいも … 3個（300g）
きゅうり … 1/2本
塩 … ひとつまみ
A
- 酒粕＊（練り粕）… 10g
- プレーンヨーグルト … 大さじ2
- マヨネーズ、オリーブオイル … 各大さじ1
- 塩 … 小さじ1/4

黒こしょう … 適量

＊酒粕を加熱せずに使うためアルコールを含みます。子ども、妊娠・授乳中の方、運転前、アルコールに弱い方はご注意ください。

作り方

1 じゃがいもはよく洗い、水けがついたままラップで包み、電子レンジ（600W）で3分30秒加熱して裏返し、さらに3分加熱する。温かいうちに濡れぶきんなどを使って皮をむき（火傷に注意）、ボウルに入れてスプーンで粗くつぶす。

2 きゅうりは小口切りにして塩をふってもみ、5分おいて水けをよく絞る。

3 1にAを加えてよく混ぜ合わせてから2を加え、さっくり混ぜる。器に盛り、こしょうをふる。

＊時間をおくと食感が変わるので、早めに食べ切ってください。

あぶり酒粕味噌

材料（3〜4 人分）

酒粕（板粕）… 50g
味噌 … 小さじ 1/2
サラダ油 … 少々

作り方

1 酒粕と味噌を混ぜ合わせ、ラップにはさんで麺棒などで 2 〜 3 ㎜厚さにのばし、食べやすい大きさに切る。

2 アルミホイルにサラダ油を薄く塗り、1 をのせてオーブントースターでこんがりするまで 5 〜 6 分焼く。

＊焼けたらホイルと酒粕味噌の間にバターナイフなどを入れるとはずしやすい。

焼きごぼうの酒粕白和え

酒粕味噌は、お酒が弱い私でもパクパク食べられるおいしさ。白和えは、香ばしく焼いたごぼうを酒粕入りの衣で和える大人の味わい。

材料（作りやすい分量）

ごぼう … 1本（150g）
オリーブオイル … 大さじ1
塩 … 少々

A
- 絹豆腐 … 1/2丁（150g）
- 酒粕＊（練り粕）… 10g
- 白すりごま … 大さじ3
- 味噌 … 大さじ1/2
- 砂糖 … 小さじ1

＊酒粕を加熱せずに使うためアルコールを含みます。子ども、妊娠・授乳中の方、運転前、アルコールに弱い方はご注意ください。

作り方

1 ごぼうは3㎜厚さの斜め切りにしてオリーブオイルをからめる。アルミホイルを敷いた魚焼きグリルに並べ、焼き色がつくまで5〜6分焼いて塩をふる。

＊魚焼きグリルがない場合はフライパンで炒めてもOK。

2 ボウルにAを入れてなめらかになるまで混ぜ、1を加えてさっくり和える。

酒粕青のりナッツ

酒粕入りの生地でナッツを包んだスナック菓子。酒粕の香りがふんわり、チーズと青のりが香ばしく、お茶請けにもおすすめです。

材料（2～3人分）

カシューナッツ … 20粒
酒粕＊（練り粕）… 30g

A
- 薄力粉 … 50g
- 粉チーズ（パルミジャーノ レッジャーノ）… 大さじ1
- 青のり … 小さじ1
- 塩 … ひとつまみ

オリーブオイル … 大さじ1と1/2

＊板粕またはバラ粕の場合は、耐熱容器に酒粕25gを入れ水小さじ1をふり、ラップをふわりとかけて電子レンジ（600W）で20秒加熱し、よく混ぜ合わせて使用する。

下準備

オーブンは140℃に予熱する。

作り方

1 ボウルにAを混ぜ合わせ、オリーブオイルを加えて手をすり合わせるようにして混ぜる。

2 全体がなじんだら酒粕を加えて混ぜ、ひとつにまとめる。

＊まとまらない場合は水少々を加える。

3 2を1/20量ずつ手に取り、カシューナッツを1粒ずつ包み、オーブンシートを敷いた天板に並べる。140℃のオーブンで20分ほど焼き、天板の上で冷ます。

酒粕のきなこアイス

クリームチーズベースのまろやかで濃厚なテイスト。酒粕ときなこで和風味に。

材料（3～4人分）

クリームチーズ … 90g
きなこ … 大さじ2
酒粕＊（練り粕）… 30g
A
- 生クリーム（乳脂肪分42％程度のもの）… 1/2 カップ
- きび砂糖 … 50g

＊酒粕を加熱せずに使うためアルコールを含みます。子ども、妊娠・授乳中の方、運転前、アルコールに弱い方はご注意ください。

下準備

クリームチーズは常温に戻す。

作り方

1 ボウルにクリームチーズをしっかり練り、きなこ、酒粕を少しずつ加えて練り混ぜる。

2 別のボウルにAを入れ、氷水に当てながらハンドミキサーの高速で混ぜる。筋が残りはじめる七分立てに泡立てたら1を加えてさらに混ぜる。

3 容器に2を入れて冷凍庫で冷やしかためる。2時間ほど経ったら一度かき混ぜ、再び冷凍庫で凍らせる。

ヨーグルト

Yogurt

ヨーグルトの話

ヨーグルトの履歴書

ミルクを乳酸菌の働きで発酵させるヨーグルト。乳酸菌の働きによってさわやかな風味が生まれるほか、整腸作用など体にうれしい機能性も生まれます。日本でおなじみの牛乳や豆乳以外にも、世界にはオーツミルクやヤギや羊のミルクなど、さまざまなミルクを使ったものがたくさんあり、合わせる乳酸菌もいろいろ。最近は便秘改善、美肌効果など多様な機能性を持つものも多くあります。

ヨーグルトには甘みがあるもの、フレーバーがついているものなどもありますが、料理に使いやすいのはシンプルなプレーンヨーグルト。料理によって水分を抜いた水きりヨーグルトを使用しますが、市販のギリシャヨーグルトで代用できます。

わが家のヨーグルト料理

ヨーグルトはデザート代わりにはちみつやジャムを入れて食べることもよくありますが、わが家では料理に使うことも多いです。

ヨーグルトは乳製品のコクと乳酸菌の酸味を持ち合わせているので、オリーブオイルや塩などを加えてマヨネーズのように使うとさっぱりと軽やかな料理に仕上がります。卵サンドやにんじんサラダに入れたり、ソースにも使います。

水きりヨーグルトに砂糖を加えて、生クリーム代わりにするのもわが家の定番。生クリームよりも低カロリーでたっぷり食べても重たくなく、いちごと合わせてティラミスやパフェにすると罪悪感なく食べられる、ヘルシーデザートになります。

ヨーグルトを活かす使い方のコツ

ヨーグルトは乳製品ならではのコク、甘み、そして乳酸菌によるまろやかな酸味が特徴です。それを活かして、お好みの塩けやオイルを加えてさっぱりとしたソース風にしたり、甘みを加えて軽い生クリーム風に、または牛乳の代わりのようにお菓子作りに使うと幅広く使えます。

また、少し意外かもしれませんが、肉や魚を漬け込むと保水性が高まり、しっとりやわらかく仕上がる上、臭みも取れて一石二鳥。漬け込んだものをそのままカレーなどにすると、乳製品のコクも加わり、よりおいしくなります。

水きりヨーグルトやギリシャヨーグルトは、普通のヨーグルトの水分を減らしたもの。ねっとりとしているので、クリーム代わりに使ったり、卵サラダを作るときに加えると、水っぽくならずに作れます。

おすすめ商品

酸味がまろやかなもの・強いもの、かため・なめらかなど、まずは好みの味・舌触りのものを見つけてください。

ソースを作る場合などはなめらかなほうが混ぜやすく、料理にも使う場合は無糖のものを選ぶようにすると幅広く使えて便利です。

木次《きすき》プレーンヨーグルト（木次乳業）

島根県木次乳業のヨーグルトは、２種類の乳酸菌を使用していて旨みもありつつ、ほどよい酸味。さわやかな香りで安心する味わいです。すっきりとしたヨーグルトを食べたいときにおすすめです。

小岩井 生乳《なまにゅう》100% ヨーグルト（小岩井乳業）

まるで飲むヨーグルトのような、なめらかな舌触りが特徴。生乳だけを半日以上じっくり長時間発酵させることで、酸味がまろやかなコクのあるヨーグルトに。どのような料理とも相性がよいです。

わが家の ヨーグルト 卵サンド

卵サンドは大好きですが、朝ごはんのときは少し軽やかに、ヨーグルトを加えて作ります。さっぱりだけどコクはしっかり。満足な味わいです。

材料（2人分）

食パン（8枚切り）… 4枚
卵 … 3個
ギリシャヨーグルトまたは
　水きりヨーグルト（無糖）*
　… 大さじ3
オリーブオイル … 小さじ2
塩 … 小さじ1/4
こしょう … 少々
バター（室温に戻す）… 15g

＊水きりヨーグルトの作り方

ボウルにざるを重ねてペーパータオルを敷き、プレーンヨーグルト（必要な水きりヨーグルトの倍量／水きりヨーグルト大さじ3の場合は、プレーンヨーグルトを大さじ6使用）を入れる。ラップをして冷蔵庫でひと晩おく。

作り方

1 鍋にたっぷりの湯を沸かし、卵を入れて8分30秒ゆで、氷水で5分以上冷やして殻をむく。

2 1のゆで卵を黄身と白身に分ける。白身は粗めに刻み、黄身はつぶしてヨーグルト、オリーブオイル、塩、こしょうと混ぜ合わせる。

3 食パンすべての片面にバターを塗り、うち2枚に2をのせて残りの食パンではさむ。

＊パンの耳から1cm空けて具材を真ん中にこんもりのせると、切ったときにきれいに仕上がる。

4 3をラップで包んで5分おいてなじませる。

5 パンの耳を切り落とし、半分に切る。

ヨーグルト チキンカレー

鶏肉をヨーグルトに漬けることでやわらかく。たっぷりのトマトと後がけのヨーグルトでさわやかなカレーになります。隠し味は味噌。

材料（２人分）

鶏もも肉 … 小２枚（400g）
塩 … 小さじ 1/4
こしょう … 少々
A ┌ プレーンヨーグルト … 大さじ５
　└ カレー粉 … 大さじ２
パプリカ（黄）… １個
玉ねぎ … １個
にんにく、しょうが（すりおろし）… 各１かけ分
ホールトマト缶 … １缶（400g）
オリーブオイル … 大さじ４
水 … 1/2 カップ
味噌 … 大さじ１
温かいごはん … 適量
プレーンヨーグルト、香菜（ざく切り）… 各適量

作り方

1 鶏肉は大きめの一口大に切り、塩、こしょうをすりこんでポリ袋に入れ、A を加えてもみこんで冷蔵庫でひと晩おく。

2 パプリカは小さめの乱切り、玉ねぎはみじん切りにする。

3 フライパンにオリーブオイル大さじ２を中火で熱し、玉ねぎを炒める。焼き色がついてきたら端によせ、空いているところに残りのオリーブオイルを熱し、１の鶏肉を漬けだれごと加え、焼き色がつくまで炒める。

4 にんにく、しょうがを加えて炒め、香りが出たらトマト缶を加えてトマトをつぶしながら全体がとろりとするまで炒める。

5 分量の水に味噌を溶いて加え、弱めの中火にしてふたをし、ときどき混ぜながら５～６分煮る。パプリカを加えてさらに４～５分煮る。

6 器にごはんと５を盛り、ヨーグルトをかけて香菜を添える。

カリカリ豚のヨーグルトソース

ヨーグルトで作るさわやかなソースでいただきます。野菜にも合うので、レタスと青じそをたっぷり添えてサラダ感覚でどうぞ。

材料（2人分）

豚こま切れ肉 … 250g
塩 … 小さじ 1/4
こしょう … 少々
片栗粉 … 大さじ 2
オリーブオイル … 大さじ 3
A
- プレーンヨーグルト … 大さじ 3
- 塩 … ひとつまみ
- オリーブオイル、レモン果汁 … 各小さじ 1/2

フリルレタス（ちぎる） … 3～4 枚分
青じそ（せん切り） … 6 枚分

作り方

1 豚肉は塩、こしょうをふり、片栗粉をまぶす。A は混ぜ合わせる。

2 フライパンにオリーブオイルを中火で熱し、豚肉を広げ入れて焼く。あまり触らず、両面に焼き色がつきカリッとするまで 3～4 分焼く。

3 器にレタスを敷いて 2 を盛り、青じそをのせて 1 の A をかける。

ヨーグルト アボカド トースト

ヨーグルトとアボカドは混ぜるだけでおいしいディップになります。カリッと焼いたパンにのせ、ナッツを散らせば食感も楽しい。

材料（作りやすい分量）

好みのパン … 2枚
アボカド … 1個
ミックスナッツ（刻む）… 10g
A
- 玉ねぎ（みじん切り）… 大さじ 2
- プレーンヨーグルト … 大さじ 2
- 塩 … ひとつまみ
- レモン果汁 … 小さじ 1/2

塩、カイエンペッパー … 各適量

作り方

1 ミックスナッツはポリ袋に入れ、麺棒などで砕く。

2 アボカドは一口大程度に切って粗くつぶし、A を混ぜ合わせる。

3 パンをオーブントースターでカリッと焼き、2 を塗る。1 のナッツ、塩、カイエンペッパーを散らす。

切り干し大根のヨーグルトごま和え

味噌と酢で味にリズムをつけた和え衣。さっぱりパリパリ食べられます。

材料（作りやすい分量）

切り干し大根 … 30g

A
- プレーンヨーグルト … 80g
- 白すりごま … 大さじ 2
- 味噌 … 小さじ 2
- 酢 … 小さじ 1/2

作り方

1 切り干し大根はさっと洗ってひたひたの水につけ、ラップをかぶせ 10 分ほどおく。

2 1 の水けを絞ってボウルに入れ、混ぜ合わせた A を加えて和える。

ヨーグルトでシンプルにさっぱりと。にんじんをさっと炒めると甘みが増します。

にんじんのヨーグルトサラダ

材料（3～4人分）

にんじん… 1本（200g）
オリーブオイル…小さじ1
A［プレーンヨーグルト… 70g
　 塩…ひとつまみ

作り方

1　にんじんは細切りにする。

2　フライパンにオリーブオイルを中火で熱し、にんじんをさっと炒める。しんなりしたらボウルに入れて粗熱をとる。

3　Aを混ぜ合わせ、2に加えて和える。

＊冷蔵で2～3日保存可能。

ヨーグルト バナナケーキ

混ぜて焼くだけのお手軽おやつ。ヨーグルトでバナナの甘みが引き立ち、口当たり軽やか。冷やしてもしっとりおいしいので朝食にも。

材料

(18 × 9 ×高さ 6 ㎝のパウンド型 １台分)

バナナ … ２本（正味 160g）

プレーンヨーグルト … 60g

A
- 卵（室温に戻す）… ２個
- きび砂糖 … 60g

太白ごま油 … 大さじ 2

B
- 薄力粉 … 100g
- ベーキングパウダー … 小さじ 1

下準備

- 型にオーブンシートを敷く。
- バナナはフォークで粗くつぶす。

＊完熟のものがない場合は電子レンジ（600W）で１分ほど加熱するとつぶしやすくなる。

- オーブンは 180℃に予熱する。

作り方

1 ボウルに A を入れ、ハンドミキサーで２分ほど混ぜる。ヨーグルト、太白ごま油を加えてさらに１分ほど混ぜる。

2 バナナを加えてゴムべらでさっと混ぜ、B を合わせてふるい入れてボウルの底からすくって返すように混ぜる。

3 粉っぽさがなくなったら型に流し入れ、180℃のオーブンで 40 ～ 50 分焼く。竹串を刺してどろっとした生地がつかなければ焼き上がり。

＊途中、10分ほど経ったら生地の真ん中に切り込みを入れ、天板の前後を変えるときれいに焼き上がる。焦げそうになったらアルミホイルをかぶせる。

ヨーグルトの いちご ティラミス

水きりヨーグルトのヘルシークリームといちごで手軽にリッチな味わい。

材料（容量150mlの容器4個分）

A
- いちご … 100g
- はちみつ … 大さじ2
- レモン果汁 … 小さじ1/2

B
- ギリシャヨーグルト または 水きりヨーグルト（P107参照）… 280g
- グラニュー糖 … 10g

ビスケット … 12枚（66g程度）
ココアパウダー … 適量
いちご（トッピング用）… 4個

作り方

1 Aのいちごは1.5cm角に切り、耐熱ボウルに入れる。はちみつを加えてからめ、ラップをかけずに電子レンジ（600W）で1分30秒加熱し、レモン果汁を加えて冷ます。

2 ビスケットは1枚を8等分くらいに砕き、1をからめてなじませる。

3 Bを混ぜる。

4 器に1のいちご、ビスケット、ヨーグルトの順に2回くり返して重ね入れる。ココアパウダーをふり、トッピング用のいちごをのせる。

キムチ・漬物

Kimchi
Tsukemono

キムチ・漬物の話

キムチ・漬物の履歴書

食材を主に塩やぬかなどに漬け込んで保存性を高めた漬物。世界中にさまざまなものがあり、韓国のキムチ、日本でも漬け方や土地によって多種多様。ぬか漬けやたくあん、しば漬け、高菜漬け、白菜漬けなどが代表的です。

漬物には発酵するものと、浅漬けや甘酢漬け、調味漬けなどの発酵しないものがあります。発酵する漬物は腸にうれしい乳酸菌を含み、発酵がすすむにつれ発酵の風味が増して酸っぱくなるのが特徴です。

また、市販品の中には、あえて発酵させていないものもあり、調味料などで発酵食品風に風味づけした商品もあります。

わが家のキムチ・漬物料理

キムチなどの漬物はそのまま食べることも多いですが、乳酸発酵によるさわやかな酸味と旨みがあるので、実は調味料としても優秀。独特の風味を加えながら、野菜も一緒に摂れるのがうれしくて、工夫しながら料理に使っています。

漬物は漬け込むことで野菜の余分な水分が抜けているので、和え物や炒め物にしても水っぽくならずに仕上がります。また肉と一緒に炒めると旨みがアップ。チャーハンやなめろうのような料理に加えると、パリパリとした食感がアクセントになります。

わが家では餃子のたれに加えるのもお気に入り。ひき肉の旨みと合わさり深みが増します。

Kimchi
Tsukemono

キムチ・漬物を活かす使い方のコツ

乳酸発酵している漬物は、加熱せずに使うことで植物性の乳酸菌を活かすことができます。けれど、加熱しても残る栄養素は多いので、作りたい料理に合わせて自由に使うのがよいと思います。

例えばキムチ。冬になるとやっぱりキムチ鍋を食べたくなります。キムチは加熱せずに使うと独特の食感がしっかり楽しめ、加熱をすると少し辛みや酸味がやわらかくなり、風味も増します。漬物は火を入れることで塩みや酸味の角が丸くなったり、漬物自体の旨みが料理全体にまわったりして、非加熱とは違うおいしさに出合えるのです。

キムチやしば漬け、高菜漬けなど、いろいろな味わいの漬物があるので、気分で変えて作ってもよいですね。

おすすめ商品

発酵していない商品も多くあるので、原材料を見てなるべくシンプルなものを選ぶようにしています。キムチの場合は「キムチくんマーク」というロゴがついていると韓国直輸入の乳酸発酵しているものとわかります。自然食品店や百貨店などで手に入りやすいですよ。

生しば漬（辻しば漬本舗）

しば漬けは、乳酸発酵しているものは少ないのですが、こちらは京都大原で昔ながらの作り方で発酵させています。原材料は、なす、しそ、塩のみ。シンプルながら奥深い味わいです。

ペチュキムチ（三輝）

シンプルな材料、しっかりとした乳酸菌の酸味と辛味、ほどよい旨みでバランスが取れたわが家の定番です。甘みは少ないですが、さっぱりと食べられて毎日食べても飽きません。

わが家のキムチ鍋

夫も私も大好きなキムチ鍋は、鍋の素は使わずにキムチをたっぷり入れて味噌と豆板醤で味つけ。具材を炒めることでキムチはさらにコクのある味わいに。シメにはぜひキムチクッパを！

材料（3～4人分）

白菜キムチ（漬け汁ごと）
　… 300g
豚バラ薄切り肉 … 150g
長ねぎ … 1本
にら … 1束
絹豆腐 … 1/2 丁 (150g)
ごま油 … 小さじ 2
豆板醤 … 小さじ 2
A
　水 … 1 ℓ
　味噌 … 大さじ 2
　しょうゆ、みりん
　　… 各大さじ 1

作り方

1 長ねぎは青い部分も含めて斜め薄切りにする。にらは 3 ㎝長さ、豆腐は 6 等分、豚肉は 5 ㎝幅に切る。

2 鍋（炒め調理ができるもの）にごま油を中火で熱し、豚肉、豆板醤を入れて炒める。肉の色が変わったら一度取り出し、白菜キムチ、長ねぎを入れて炒める。

3 長ねぎがしんなりしたら A を加える。煮立ったら豚肉を戻し入れ、豆腐、にらを加えて豆腐が温まったらでき上がり。

＊シメは「キムチクッパ」がおすすめ。ごはん茶碗 1 杯分、溶き卵 1 個分を加えて加熱し、好みの半熟になったら小ねぎ、焼きのりを散らしてどうぞ。

ささみのキムチ和え

レンジで手軽にささみを蒸し、キムチとスプラウトを和えます。ごま油と酢を少し加えると奥行きが出てやみつきになる味に。

材料（2人分）

鶏ささみ（筋のないもの）
　… 4本（240g）
砂糖 … 小さじ 1/4
塩 … 小さじ 1/4
酒 … 大さじ 1
白菜キムチ … 80g
酢、ごま油 … 各小さじ 1
スプラウト … 1パック

作り方

1 バットにささみを入れ、砂糖をもみこんでから塩をもみこむ。

2 耐熱皿に1を並べて酒をふり、ラップをふんわりとかけて電子レンジ（600W）で3分30秒ほど加熱する。ラップをかけたまま粗熱がとれるまでおき、手でさく。

3 ボウルに 2、白菜キムチ、酢、ごま油、スプラウトを入れて和える。

キムチ味噌餃子

白菜キムチを野菜代わりにたっぷり使い、味噌で味を調えたしっかり味のたねを作ります。酢こしょうでさっぱり食べるのがおすすめ。

材料（2人分）

餃子の皮（大判）… 18枚
白菜キムチ … 120g
A
- 長ねぎ（みじん切り）… 1/2本分（50g）
- 豚ひき肉 … 180g
- ごま油、味噌 … 各小さじ1

サラダ油 … 大さじ1
ごま油 … 適量

作り方

1 白菜キムチは汁けを絞り、粗く刻む。

2 ボウルにA、1を入れて練り混ぜ、餃子の皮で等分に包む。

3 フライパンにサラダ油を中火で熱し、一旦火を止めて2を並べ入れる。再び中火にかけ、しっかり焼き色がついてきたら、水1/2カップ（分量外）を加え、ふたをして4分蒸し焼きにする。

4 ふたを取り、水けがほとんどなくなったらごま油をまわしかけてカリッとするまで焼く。

梅キムチやっこ

キムチだけでもおいしいですが、梅干しを加えると独特の酸味でさわやかに。

材料（2人分）

絹豆腐（150g）… 2個
白菜キムチ … 80g
梅干し（種を除いてちぎる）
　… 2個
ごま油 … 小さじ1
小ねぎ（小口切り）、
　白いりごま … 各適量

作り方

1 白菜キムチは刻んでボウルに入れ、梅干し、ごま油を混ぜる。

2 器に豆腐を盛り、1をのせて小ねぎ、白ごまをかける。

豚と大根の高菜炒め

高菜の発酵の香りがクセになる一皿。大根を皮ごとおいしく食べるレシピです。

材料（2人分）

豚こま切れ肉 … 200g
大根 … 200g（約6㎝）
高菜漬け … 60g
にんにく … 1かけ
ごま油 … 小さじ2
A　酒 … 大さじ1
　　しょうゆ、みりん … 各小さじ1

作り方

1 大根は皮をむき、7㎜幅のいちょう切りにし、皮は細切りにする。高菜は食べやすい大きさに切る。にんにくはみじん切りにする。

2 フライパンにごま油を中火で熱し、大根を広げ入れる。あまり触らずに焼き色をつけるように3〜4分かけて両面焼く。

3 豚肉、大根の皮、にんにくを加えて炒め合わせ、豚肉に火が通ったら高菜、Aを加えてさっと炒める。

あじのしば漬けなめろう

香味野菜と一緒にたたけば、しば漬けの酸味と塩けがポイントに。

材料（2人分）

あじ（刺し身用）… 150g
長ねぎ … 5㎝
しょうが … 1かけ
青じそ … 3枚
しば漬け … 30g
味噌 … 小さじ2
青じそ（仕上げ用）、
　白いりごま … 各適量

作り方

1 長ねぎ、しょうが、青じそ、しば漬けは刻む。

2 あじは粗く刻み、1、味噌を合わせて包丁でたたきながら混ぜる。

3 器に青じそ（仕上げ用）を敷き、2を盛りつけて白ごまを散らす。

しば漬け チャーハン

しば漬けのほどよい酸味と軽やかな食感を足すだけで食欲増進です！

材料（2人分）

温かいごはん
…茶碗2杯分（300g）
しば漬け…30g
卵…１個
長ねぎ…1/2本
ごま油…大さじ1
しょうゆ…小さじ2
黒こしょう…適量

作り方

1 ボウルに卵を溶く。長ねぎはみじん切りにし、しば漬けは刻む。

2 フライパンにごま油を強めの中火で熱し、溶き卵、ごはんを順に入れ、手早く炒める。全体が混ざったらしば漬け、長ねぎを加えて炒め、全体を少しよせて空いた鍋肌にしょうゆを加え、全体をさっと混ぜる。器に盛り、こしょうをふる。

いぶりがっこチーズサンド

発酵同士で意外と相性がいいチーズと漬物。塩けとともに独特の燻香を添えます。

材料（2人分）

食パン（8枚切り）… 4枚

A
- クリームチーズ（ブロックタイプ）… 3個（50g）
- マヨネーズ … 大さじ1
- いぶりがっこ … 20g

きゅうり … 1本

作り方

1 きゅうりは食パンの長さに合わせて縦薄切りにする。いぶりがっこは刻む。

2 Aは混ぜ合わせる。
＊クリームチーズがかたければ電子レンジ（600W）で10秒ほど加熱する。

3 食パンはトーストし、2枚の片面に2を塗り、きゅうりをのせて残りの食パンではさみ、食べやすく切る。

納豆

Natto

納豆の話

納豆の履歴書

納豆といえば、ねばねばした日本の朝ごはんの定番「糸引き納豆」。その中でもスーパーで多く並ぶのが、大豆を丸ごと蒸して納豆菌で発酵させた「粒納豆」と、乾燥した大豆をひき割りにし、皮をのぞいてから蒸して発酵させた「ひきわり納豆」です。粒納豆は小粒、中粒、大粒と豆の大きさがいろいろあります。

材料はシンプルですが大豆の品種や製法などにより、豆感が強く旨みが強いもの、さっぱりとしているもの、やわらかいもの、食感があるものなど、味わいはさまざま。付属のたれの味もだし感が強いもの、しょうゆ感が強いもの、最近はわさび入りなど変わり種もあります。

わが家の納豆料理

そのまま食べてよし、ごはんにかけても麺にかけても、パンにのせてもよし。納豆は子どもも含めて大好きなわが家のたんぱく質の救世主です。

ひとりランチのときには納豆、長いも、おくらを使ってねばねばうどんに。火を使わずに作れて、野菜もたんぱく質も摂れます。刺し身や漬物を混ぜるだけでも立派なメインのごはんになります。

息子の朝ごはんは、毎朝ひきわり納豆ごはん。大人と同じものを食べられない頃から、野菜を加えて食べるのがお気に入りで、とろっとするのがいいのか自分から口をあ~んと開けるほど。調理も簡単なので本当に助かっています。

納豆を活かす使い方のコツ

納豆は合わせる食材を変えるだけで、味わいも変えられる便利な食材。例えば、ごま油を加えて中華風に、酢を加えてさっぱりと、まろやかなクリームチーズとも相性がよいので、アレンジの幅は無限大です。

加熱の必要がないので手間をかけずにいろいろな料理に使えるのも納豆のいいところ。長いもやおくらなど同じねばねば食材と合わせて、とろみのあるたれのようにするとごはんにも麺にもかけられます。

パンとも相性がよいのでチーズトーストにするのもおすすめです。こちらはトースターでこんがり焼き、チーズのとろみと納豆の粘りを一緒に楽しみます。簡単なので忙しい朝のエネルギー補給におすすめですよ。

おすすめ商品

納豆は日持ちしないので、近所で買えるものから選ぶとよいです。私は国産大豆のものを選んでいます。ひきわりと粒のもの、粒の大きさは好みでよいですが、ひきわりは発酵感が強く、やや苦味があるものもあるので、納豆が苦手な人は粒のものがおすすめです。

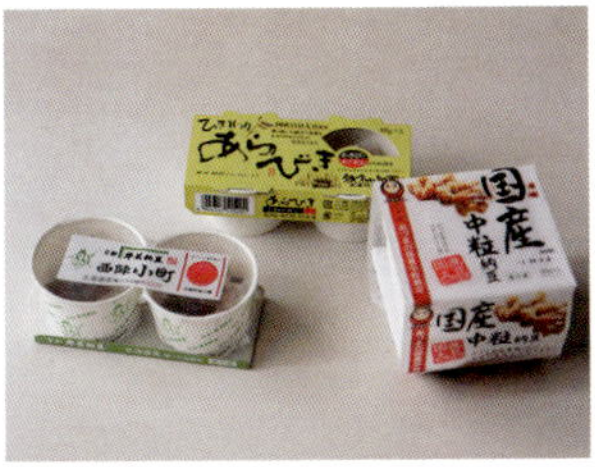

西陣小町
（牛若納豆）

京都府京都市の納豆専門店による小粒大豆を使った納豆。混ぜたときの糸引きの強さが別格で食べごたえもあります。たれも甘すぎず、さっぱりとおいしいです。

あらびき ひきわり
（野呂食品）

神奈川県鎌倉市の鎌倉山納豆。ひきわり独特の雑味や苦味がなく食べやすいです。粗びきなので食べごたえもあり、たれはあごだしとわさびで風味も豊か。

国産中粒納豆
（あづま食品）

国産大豆にこだわった栃木県宇都宮市の納豆メーカー。手に入りやすくておいしいのが魅力です。やや大きめの中粒ですが、やわらかくてとてもふくよかです。

わが家の〝ごちそう納豆〟

私の実家でよく食べていた納豆料理がこちら。納豆にお刺し身や漬物、野菜、卵を入れてよーく混ぜ、ふわっふわにしてごはんにかければごちそうに。栄養もしっかり摂れます。

材料（2人分）

温かいごはん
　… 茶碗2杯分（300g）
納豆（粒）… 2パック
好みの刺し身
　（まぐろ、イカなど）… 100g
きゅうり … 1/2本
好みの漬物（つぼ漬け、たくあん、
　しば漬けなど）… 20g
卵 … 2個
青じそ … 4枚
みりん、しょうゆ … 各小さじ2

作り方

1 耐熱皿にみりんを入れ、ラップをかけずに電子レンジ（600W）で30〜40秒加熱して煮きる。しょうゆを加えてたれにする。

2 きゅうりは1cm角に切る。漬物は粗く刻む。刺し身は食べやすい大きさの角切りにする。

3 卵は卵黄と卵白に分ける。ボウルに卵白を混ぜ、納豆、2、1のたれを加え、青じそを手でちぎり入れて混ぜる。

4 器にごはんを盛り、3、卵黄をのせる。

納豆アレンジ5種

梅おろし納豆

クリームチーズキムチ納豆

ねぎ酢納豆

しらすのりごま油納豆

塩もみきゅうりとごま納豆

どんな食材もねばねばでおいしく包みこむ納豆は、アレンジも無限大。チーズや漬物、しらす、野菜などを加えて食感も楽しみます。

ねぎ酢納豆

材料（1人分）と作り方

納豆（粒）1パック、付属のたれ1/2袋、黒酢（または酢）小さじ1、小ねぎ（小口切り）大さじ1をよく混ぜる。

梅おろし納豆

材料（1人分）と作り方

納豆（粒）1パック、付属のたれ1/2袋、大根おろし（粗めがおすすめ）山盛り大さじ1、梅干し（種を除いてちぎる）小1個分をよく混ぜる。

クリームチーズキムチ納豆

材料（1人分）と作り方

納豆（粒）1パック、付属のたれ1/2袋、クリームチーズ（ブロックタイプ／1㎝角に切る）1個分、キムチ（刻む）20g、刻みのりひとつまみをよく混ぜる。

しらすのりごま油納豆

材料（1人分）と作り方

納豆（粒）1パック、付属のたれ1/2袋、しらす大さじ1、ごま油少々、焼きのり(全形／ちぎる)1/4枚分をよく混ぜる。

塩もみきゅうりとごま納豆

材料（1人分）と作り方

きゅうり1/4本（小口切り）は塩少々でもみ、5分おいて水けを絞る。納豆（粒）1パック、付属のたれ1/2袋、ごま油少々とよく混ぜ、黒いりごま少々をかける。

納豆とろろうどん

ひとりランチの定番は、ねばねばトリオを混ぜるだけ。そうめんもおすすめです。

材料（2人分）

冷凍うどん… 2玉
納豆（粒）… 2パック
長いも … 150g
おくら… 3本
みょうが… 3本
梅干し*（種を除いてちぎる）
… 2個分（16g）
A ┌ めんつゆ（3倍濃縮）
　 │ …大さじ1と1/2
　 └ 水 … 1/2カップ

*塩分11%のものを使用。

作り方

1 長いもは皮をむいてポリ袋に入れ、麺棒などでたたく。おくら、みょうがは小口切りにする。

2 ボウルに長いも、納豆、付属のたれ、おくらを入れ、梅干しを入れて混ぜる。別の容器にAを混ぜてたれにする。

3 うどんを袋の表示通りに解凍し、流水でもみ洗いして器に盛る。2の具材、たれをかけ、みょうがをのせる。

納豆チーズトースト

忙しい朝の救世主。混ぜて焼くだけで、納豆の香りが増して立派な朝ごはんに。

材料（2人分）

食パン（全粒粉がおすすめ）
　… 2枚
納豆（粒）… 2パック
ピザ用チーズ … 70g
小ねぎ（小口切り）… 大さじ2
オリーブオイル … 適量

作り方

1 納豆のパックそれぞれに付属のたれ、小ねぎ1/2量を入れてかき混ぜる。

2 食パンにオリーブオイルを塗り、1をのせてピザ用チーズをたっぷり散らす。

3 オーブントースターにくしゃっとしたアルミホイルを敷き、2をのせて焼き色がつくまで焼く。

納豆たくあん巻き

納豆とたくあんをのせてさっと作れる細巻き。ひきわりを使うのがポイントです。

材料（4本分）

温かいごはん … 280g
合わせ酢 … 全量
（米酢小さじ4、砂糖大さじ1/2、塩小さじ1/4を混ぜたもの〈市販のすし酢適量でも可〉）
納豆（ひきわり）… 1パック
たくあん（細切り）… 20g
焼きのり（全形）… 2枚

作り方

1 ごはんに合わせ酢を混ぜ合わせる。のりは半分に切る。

2 巻きすにのりを光沢がある面を下にしてのせる。奥側1cmを残し、手を水で濡らしながらすし飯1/4量を薄く広げる。

3 すし飯の真ん中よりやや手前側に納豆（たれなし）、たくあんを1/4量ずつのせて巻く。残りも同様に作る。

おわりに

「発酵食材って、買ったはいいけれどあまることも多いんですよね」

そんなお話を担当編集の方に伺ったのが、この本の最初の一歩。もっと気軽に発酵食材をたっぷり使えるような、そんな本があったらいいな、とこの一冊をつくることになりました。

発酵食材は自分で作るのももちろんよいですが、市販品でも十分。気軽においしい料理が作れます。

今回は市販の発酵食材を使って、時間がなくても作れる簡単なレシピをたくさん紹介していますので、ぜひお試しいただけたらうれしいです。

その中のレシピが、皆さまの食卓で何度も何度も作っていただける定番になれば、とても幸せです。

最後に、この本に関わってくださった皆さま、そして手に取ってくださっている皆さまに心から御礼申し上げます。

榎本美沙

榎本美沙

料理家、発酵マイスター。発酵食品をはじめ、旬の野菜を使ったシンプルなレシピが好評で、各メディアで活躍中。YouTubeチャンネル「榎本美沙の季節料理」は、登録者数34万人を超える。2023年よりオンラインレッスン「榎本美沙の料理教室」を開校し、発酵食品や季節のものを使ったレシピを紹介中。プライベートでは2歳になる子どもの育児に奮闘中。『からだが喜ぶ発酵あんことおやつ』（主婦と生活社）、『ちょこっとから楽しむ はじめての梅仕事』（山と渓谷社）、『榎本美沙のひと晩発酵調味料』（主婦と生活社）など、著書多数。

Instagram　@misa_enomoto
HP:「ふたりごはん」
https://www.futari-gohan.jp

学研出版サイト　https://hon.gakken.jp/

撮影　宮濱祐美子
デザイン　三上祥子（Vaa）
スタイリング　西崎弥沙
イラスト・食材ごとの題字　塩川いづみ
校閲　株式会社聚珍社
編集　岩越千帆
企画・編集　岡田好美（Gakken）

毎日の発酵食材レシピ手帖

2024年10月8日　第1刷発行
2024年11月22日　第2刷発行

著者　榎本美沙
発行人　川畑勝
編集人　滝口勝弘
発行所　株式会社Gakken
〒141-8416
東京都品川区西五反田2-11-8
印刷所　大日本印刷株式会社

・この本に関する各種お問い合わせ先
本の内容については、左記サイトのお問い合わせフォームよりお願いします。
https://www.corp-gakken.co.jp/contact/
在庫については　Tel 03-6431-1250（販売部）
不良品（落丁、乱丁）については　Tel 0570-000577
学研業務センター　〒354-0045　埼玉県入間郡三芳町上富279-1
右記以外のお問い合わせは　Tel 0570-056-710（学研グループ総合案内）

学研グループの書籍・雑誌についての新刊情報・詳細情報は、左記をご覧ください。
学研出版サイト　https://hon.gakken.jp/